はじめに

　本書は、新社会人の方を対象に、社会人として必要な心がまえやコミュニケーション力、ビジネスマナーについて解説しています。これらの社会人として必要なスキルは、早めに身に付けておいて損はありません。これらのスキルを身に付けることで、どのような気持ちで仕事に向き合えばよいのか、学生時代とはまったく異なる人間関係をどう築いていくのか、目上の人に失礼のないように会話ができるかといった、新社会人の誰もが感じる漠然とした不安を解消することができます。

　本書では、社会人として身に付けておきたいことを10のステップで学習していきます。まず、働くことの意義やプロ意識を持つことの必要性といった仕事に対する心がまえについて学び、その後、仕事をしていく上で必要なコミュニケーションスキルやビジネスマナーと、段階的に実務につながるような構成になっています。

　また、各ステップは、読者の皆様に具体的にビジネスシーンをイメージしていただけるように、新入社員である佐藤さんと秋本さんという二人の登場人物の会話で始まります。この二人が成長していく過程の中に、読者の皆様の新しい発見、気付きが多くあることを祈っています。

　本書が、読者の皆様の確かな一歩を踏み出すための一助となれば幸いです。

2014年10月1日
FOM出版

◆本文に記載されている個人名、団体名、商品名、ロゴ、連絡先、場所、出来事などは、すべて架空のものです。実在するものとは一切関係ありません。

Contents

本書をご利用いただく前に ……………………………………………… 1

Step 1 社会人としての自覚を持とう …………………………… 3

Try 社会人に必要な自覚って何だろう? ………………………… 4

Study ① 社会人に求められること …………………………………… 5
   1 社会人になるということ ………………………………… 5
   2 仕事を通じて社会に参加する …………………………… 5
   3 社会人に求められる自立 ………………………………… 6
   4 社会の一員としての自覚 ………………………………… 7

Study ② 組織の一員になるということ ……………………………… 9
   1 企業は社会的存在である ………………………………… 9
   2 組織の一員としての自覚 ………………………………… 9

Study ③ 働くことに真剣になろう ………………………………… 12
   1 働く目的を振り返る …………………………………… 12
   2 仕事の生産性を上げる ………………………………… 12
   3 働く姿勢が勤務態度にも表れる ……………………… 12

Study ④ 仕事に責任を持とう ……………………………………… 13
   1 成果を出すことへの責任 ……………………………… 13
   2 失敗は成功のもと ……………………………………… 13

Study ⑤ 仕事を進める上で必要なもの …………………………… 14
   1 当事者意識 ……………………………………………… 14
   2 問題意識 ………………………………………………… 14
   3 主体的な姿勢 …………………………………………… 15

Study ⑥ 仕事に必要な能力や知識を身に付けよう ……………… 16
   1 自己啓発の意義 ………………………………………… 16
   2 自己啓発の方法 ………………………………………… 16

Study ⑦ 自分に対する目標を立てよう …………………………… 17
   1 目標の種類 ……………………………………………… 17
   2 目標達成に必要なこと ………………………………… 18

Try Again もう一度社会人に必要な自覚について考えよう …… 20

Step 2　プロ意識を持とう … 23

Try	仕事に必要なプロ意識って何だろう? …	24
Study ❶	プロ意識を持って仕事をしよう …	25
	1　プロ意識を持つということ …	25
	2　人生を左右する働く目的 …	26
Study ❷	仕事は自分のキャリアを磨くステージ …	27
	1　キャリアアップのチャンスを見つける …	27
	2　キャリアプランを作成する …	27
Study ❸	顧客第一の姿勢を大切にしよう …	28
	1　顧客あっての企業 …	28
	2　顧客満足度の最大化を目指す …	29
Study ❹	時間や納期を厳守しよう …	31
	1　時間に余裕を持って取り組む …	31
	2　納期厳守で顧客の信頼を高める …	32
Study ❺	品質を守ろう …	33
	1　期待を超える品質を追求する …	33
	2　仕事の質を高めることの重要性 …	33
Study ❻	コストを意識しよう …	34
	1　経営が成り立つ理由 …	34
	2　コストを意識することの重要性 …	34
	3　コストを抑える努力 …	35
Try Again	もう一度プロ意識について考えよう …	36

Step 3 組織内のコミュニケーションを考えよう ………… 39

- **Try** 仕事に必要なコミュニケーションって何だろう? …… 40
- **Study ❶** コミュニケーションって何? …………………………… 41
  1. コミュニケーションを取るということ ………… 41
  2. コミュニケーションの目的 …………………… 41
  3. コミュニケーションの手段 …………………… 42
  4. コミュニケーションの形態 …………………… 42
- **Study ❷** 仕事にはチームワークが大事 …………………… 43
  1. 学生時代と異なる人間関係 …………………… 43
  2. チームワークに不可欠なコミュニケーション …… 43
  3. 良好なチームワークを実現する ……………… 44
- **Study ❸** コミュニケーションに必要な力 ………………… 46
  1. コミュニケーション能力が高いということ ……… 46
  2. コミュニケーションにおける総合力 …………… 46
- **Study ❹** 上司から指示を受けるときのポイント ………… 48
  1. 指示の内容を把握する ……………………… 48
  2. メモを取ることの重要性 …………………… 49
- **Study ❺** ホウレンソウって何? …………………………… 50
  1. ボトムアップの情報伝達の基本 ……………… 50
  2. ホウレンソウの原則 ………………………… 51
  3. 報告の方法 ………………………………… 51
  4. 連絡の方法 ………………………………… 53
  5. 相談の方法 ………………………………… 53
- **Study ❻** 相手の状況を考えよう …………………………… 54
  1. TPOをわきまえる …………………………… 54
  2. 相手の前提知識を考慮する ………………… 54
- **Study ❼** シーン別のホウレンソウを理解しよう ………… 55
  1. シーン別の報告の仕方 ……………………… 55
  2. シーン別の連絡の仕方 ……………………… 56
  3. シーン別の相談の仕方 ……………………… 57
- **Try Again** もう一度仕事に必要なコミュニケーションについて考えよう …………………………………… 58

Step 4　1対1のコミュニケーションを考えよう …………… 61

- **Try**　1対1のコミュニケーションで気を付けることって何? ………… 62
- **Study ❶**　相手を尊重しよう ………………………………… 64
  1. 双方向コミュニケーション …………………… 64
  2. 先入観や偏見を取り除く ……………………… 64
- **Study ❷**　相手の話を聞くときのポイント ……………… 66
  1. 聞くことの重要性 ……………………………… 66
  2. 相手がどんな人かを考えながら聞く ………… 67
  3. 内容を正確にとらえながら聞く ……………… 67
  4. 話に反応しながら聞く ………………………… 67
  5. 相手を否定しない ……………………………… 69
  6. 話をさえぎらない ……………………………… 70
  7. わからないままにしない ……………………… 70
- **Study ❸**　効果的な話し方を身に付けよう ……………… 72
  1. 話し方を工夫することの重要性 ……………… 72
  2. 聞き手がどんな人かを考えて話す …………… 73
  3. 正確にわかりやすく話す ……………………… 73
  4. 相手の気持ちに配慮しながら話す …………… 74
  5. プラス思考で肯定的に話す …………………… 76
  6. 決め付けて話さない …………………………… 77
  7. 話題を作る ……………………………………… 77
  8. ユーモアを交えて話す ………………………… 77
- **Study ❹**　コミュニケーション能力をチェックしてみよう ……… 78
  1. 聞く力をチェックしてみよう ………………… 78
  2. 話す力をチェックしてみよう ………………… 79
- **Try Again**　もう一度1対1のコミュニケーションについて考えよう …………………………………… 80

Step 5 自分の意見をしっかり伝えよう …………………… 83

- **Try** 自分の意見はどうやって伝えればいいの? ………… 84
- **Study ❶** 意見って何? ……………………………………… 86
  - 1 意見を述べるということ ………………………… 86
  - 2 意見交換の流れ ………………………………… 86
- **Study ❷** 自分の意見を形成するポイント ………………… 88
  - 1 主体性を持って対象に関わる ………………… 88
  - 2 意見を形成する流れ …………………………… 88
- **Study ❸** ストーリーを考えよう ………………………… 89
  - 1 説得力を高めるコツ …………………………… 89
  - 2 効果的なストーリー …………………………… 89
  - 3 話を組み立てるポイント ……………………… 91
- **Study ❹** 意見をまとめよう ……………………………… 93
  - 1 時間内で結論を見出すポイント ……………… 93
  - 2 意見を集約する方法 …………………………… 94
- **Try Again** もう一度自分の意見を伝えることについて考えよう ………………………………………… 96

Step 6 効果的なプレゼンテーションをしよう …………… 99

- **Try** プレゼンテーションってどうすればいいの? ………… 100
- **Study ❶** プレゼンテーションって何? ………………… 102
  - 1 あくまでも聞き手が主役 ……………………… 102
  - 2 プレゼンテーションの目的 …………………… 103
  - 3 プレゼンテーションの種類 …………………… 104
- **Study ❷** プレゼンテーションの流れ …………………… 105
  - 1 企画から実施までの基本的な流れ …………… 105
  - 2 目的を明確にする ……………………………… 106
  - 3 聞き手を分析する ……………………………… 106
  - 4 情報の収集と整理を行う ……………………… 107
  - 5 主張を明確にする ……………………………… 107
  - 6 ストーリー展開を組み立てる ………………… 107
  - 7 資料を作成する ………………………………… 109
  - 8 スピーチの内容を検討する …………………… 110

　　　　　9　リハーサルを行う ……………………………110
　　　　　10　プレゼンテーションを実施する……………110
　　Study ❸　資料を使って説得しよう ……………………113
　　　　　1　視覚に訴えることの重要性 …………………113
　　　　　2　箇条書きによる表現方法 ……………………114
　　　　　3　表による表現方法 ……………………………115
　　　　　4　図解による表現方法 …………………………115
　　　　　5　グラフによる表現方法 ………………………118
　　Study ❹　説得力のあるプレゼンテーションをしよう……120
　　　　　1　バーバル表現とノンバーバル表現 …………120
　　　　　2　ビジュアルツールを活用する ………………121
　　　　　3　最初の3分が勝負 ……………………………122
　　　　　4　最後のまとめも肝心 …………………………123
　　Try Again　もう一度プレゼンテーションについて考えよう………124

Step 7　ビジネスマナーを身に付けよう ………………… 129

　　Try　ビジネスにもマナーがあるの? ………………………130
　　Study ❶　ビジネスマナーって何? ……………………131
　　　　　1　ビジネスマナーは暗黙のルール ……………131
　　　　　2　ビジネスマナーの必要性 ……………………131
　　Study ❷　ビジネスマナーの基本は外見から …………133
　　　　　1　好感を持たれる服装と身だしなみ …………133
　　　　　2　軽装のポイント ………………………………135
　　Study ❸　立ち居振舞いにも気を付けよう ……………138
　　　　　1　美しい立ち方 …………………………………138
　　　　　2　美しい歩き方 …………………………………139
　　　　　3　美しい座り方 …………………………………140
　　　　　4　美しいおじぎ …………………………………141
　　Study ❹　就業中のルールを守ろう ……………………142
　　　　　1　時間に余裕を持って出社する ………………142
　　　　　2　遅刻する場合は必ず連絡を入れる …………142
　　　　　3　休暇はできるだけ計画的に取る ……………143
　　　　　4　退社時のマナー ………………………………145
　　Try Again　もう一度ビジネスマナーについて考えよう …………146

Step 8　言葉づかいで印象を変えよう …………………… 149

- **Try**　どんな言葉づかいが正しいの? ………………………… 150
- **Study ❶**　ビジネス会話って何? ……………………………… 152
  - 1　ビジネス会話の重要性 ………………………… 152
  - 2　好感を持たれるビジネス会話 ………………… 152
- **Study ❷**　言葉づかいと口癖に注意しよう …………………… 153
  - 1　適切な言葉づかいを心がける ………………… 153
  - 2　できるだけ口癖をなくす ……………………… 155
- **Study ❸**　敬語の使い方を覚えよう ……………………………… 156
  - 1　敬語の種類 ……………………………………… 156
  - 2　代表的な敬語の使い方 ………………………… 156
  - 3　接遇用語の使い方 ……………………………… 157
  - 4　気を付けたい敬語の使い方 …………………… 158
- **Study ❹**　クッション言葉で表現を柔らかくしよう ………… 160
  - 1　クッション言葉は会話の潤滑油 ……………… 160
  - 2　クッション言葉の使い方 ……………………… 160
- **Study ❺**　発声にも気を付けよう …………………………………… 161
  - 1　聞き取りやすい話し方 ………………………… 161
  - 2　正しい発声のコツ ……………………………… 162
- **Study ❻**　あいさつから始めよう …………………………………… 163
  - 1　あいさつの重要性 ……………………………… 163
  - 2　効果的なあいさつ ……………………………… 164
- **Try Again**　もう一度言葉の使い方について考えよう ………… 166

Step 9　電話のマナーとコツを身に付けよう ……………… 169

- **Try**　どんな電話の応対が正しいの? ……………………… 170
- **Study ❶**　電話のマナーって何? ……………………………… 172
  - 1　会社の評価を左右する電話応対 ……………… 172
  - 2　正しい電話応対のポイント …………………… 172
- **Study ❷**　こんな電話の応対がGood! ……………………… 174
  - 1　好感を持たれる音声表現 ……………………… 174

Study ❸	電話を受けてみよう	176
	1　電話を受けるときの流れ	176
	2　メモを取るときのポイント	177
	3　正しい電話の取り次ぎ	177
Study ❹	電話をかけてみよう	180
	1　電話をかけるときの流れ	180
	2　電話に向かない内容	181
Study ❺	電話での決まり文句を覚えよう	182
	1　電話での決まり文句	182
Study ❻	シーン別の電話の応対をマスターしよう	185
	1　シーン別の電話の受け方	185
	2　シーン別の電話のかけ方	187
Study ❼	電話によるトラブルを未然に防ごう	189
	1　電話応対でのトラブル	189
	2　相手を怒らせない話し方	190
Try Again	もう一度電話の応対について考えよう	192

Step 10　社外の人と接するときのマナーとコツを身に付けよう　197

Try	社外の人への応対はどうすればいいの？	198
Study ❶	来客があったときはこんな応対がGood!	200
	1　接客の流れ	200
	2　案内の仕方	201
	3　ドアの開け方	202
	4　見送りの仕方	203
Study ❷	他社を訪問するときはこんな応対がGood!	204
	1　他社訪問の流れ	204
	2　訪問前の準備	205
	3　訪問後の対応	207
Study ❸	応接室でのマナーに気を付けよう	208
	1　席順の基本	208
	2　シーン別の座り方	209
	3　お茶の出し方	210
	4　お茶のいただき方	211

Study ❹ 初めて会う人に対するマナーを身に付けよう ……… 212
    1 名刺交換のマナー ………………………………… 212
    2 名刺交換の流れ ………………………………… 212
    3 名刺の管理 ……………………………………… 214
    4 人を紹介するときのマナー …………………… 214

Study ❺ クレームに適切に対応しよう ……………………… 216
    1 口コミの威力を認識する ……………………… 216
    2 クレームは期待の裏返し ……………………… 217
    3 誠実なクレーム対応 …………………………… 217
    4 クレーム対応の流れ …………………………… 218

Try Again もう一度社外の人への応対について考えよう ……… 219

索引 ……………………………………………………………… 223

Introduction

本書をご利用いただく前に

❶ 本書の構成について　本書は、次のような構成になっています。

Step 1　社会人としての自覚を持とう
　社会人に必要な自覚とは何かについて解説します。仕事に対して責任を持つとはどういうことなのか、そのために必要なものは何かということを学習し、自分に対する目標を立てます。

Step 2　プロ意識を持とう
　仕事に対する意識について解説します。プロ意識を持って仕事に取り組むことの必要性や品質やコストに対する意識を高めることの重要性を学習します。

Step 3　組織内のコミュニケーションを考えよう
　仕事に必要なコミュニケーションスキルについて解説します。コミュニケーションとは何か、コミュニケーションスキルを高めるにはどうすればよいのかということを理解した上で、社会人の大原則であるホウレンソウの重要性を学習します。

Step 4　1対1のコミュニケーションを考えよう
　相手の話を聞く時のポイントや自分の話を効果的に伝える方法について解説します。

Step 5　自分の意見をしっかり伝えよう
　自分の意見を持つことの重要性と、説得力を高めるコツ、効果的に伝えるための話の組み立て方などについて解説します。

Step 6　効果的なプレゼンテーションをしよう
　プレゼンテーションとは何か、効果的なプレゼンテーションにするために必要なものは何かということについて学習します。

Step 7　ビジネスマナーを身に付けよう
　社会人として必要なビジネスマナーとは何か、服装や立ち居振舞いから意識の持ち方まで解説します。

Step 8　言葉づかいで印象を変えよう
　敬語の使い方はもちろん、クッション言葉、接遇用語といったビジネスシーンでは欠かせない表現方法や発声のコツ、あいさつの役割について解説します。

Step 9　電話のマナーとコツを身に付けよう
　相手が見えないからこそトラブルになりやすい電話応対について、電話を受けるときやかけるときのポイント、電話での決まり文句などを解説します。

Step 10　社外の人と接するときのマナーとコツを身に付けよう
　来客があったときの応対や自分が他社を訪問するときの応対、名刺交換のマナーについて解説します。また、クレームへの適切な対応についても学習します。

❷ 学習の進め方について

各ステップは、それぞれ次の流れで学習を進めていく形式になっています。

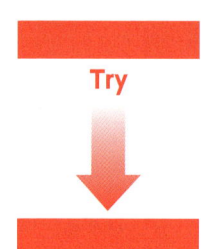

Try

新入社員である二人の人物が、ステップのテーマについて取り組んだり会話したりしています。この中には、新入社員の皆さんがおかしやすい過ちが隠れています。
読者の皆様は、二人の取り組みや会話の中に、どのような問題点があるのか、自分だったらどのように対応するのかを考えてください。

Study

ステップのテーマについてどのように取り組むべきかを解説しています。

Try Again

ステップのテーマについて一通り学習したら、もう一度「Try」にチャレンジしてください。新たな気付きがあるはずです。「Try Again」では、どこに問題点があったか、どう対応すべきだったかを丁寧に解説しています。
「Try」と「Try Again」は自ら考えることを通して、テーマごとの能力・スキルを向上させることを目的にしています。

> **まとめ**
> ステップのまとめです。
> ステップのテーマを理解できたかどうかを確認します。
> 理解できなかった項目は、「Study」に戻って復習しましょう。

❸ 本書の記述について

本書で使用している記号には、次のような意味があります。

ここがポイント！
ビジネスシーンにおいて知っておくと役立つ内容です。

私の体験談
先輩社員の体験談です。
実際の体験談を通してビジネスシーンを具体的にイメージしたり、今後の社会人生活においての参考にしたりしてください。

Step 1
社会人としての自覚を持とう

Try ▶	社会人に必要な自覚って何だろう？ ……… 4
Study ❶ ▶	社会人に求められること ……………… 5
Study ❷ ▶	組織の一員になるということ …………… 9
Study ❸ ▶	働くことに真剣になろう ………………… 12
Study ❹ ▶	仕事に責任を持とう ……………………… 13
Study ❺ ▶	仕事を進める上で必要なもの …………… 14
Study ❻ ▶	仕事に必要な能力や知識を身に付けよう … 16
Study ❼ ▶	自分に対する目標を立てよう …………… 17
Try Again ▶	もう一度社会人に必要な自覚について考えよう … 20

Try

社会人に必要な自覚って何だろう?

ある会社に新卒で入社し、同じ部署に配属された佐藤さんと秋本さん。まだ学生気分が抜けきらない二人が、スタートしたばかりの社会人生活について語りあっています。

> どうやら二人の考え方は甘すぎるようですね。社会人に必要な心がまえとして、二人に足りない点を探してみましょう。

佐藤さん：あ〜あ。学生時代は気楽でよかったよなぁ。社会人になったとたん、親から生活費を入れろって言われるしさ。社会人一年目の給料なんかたかが知れてるんだから、勘弁してほしいよ。

秋本さん：それもそうだけど、新人教育も退屈。今さら、社会人とはこうあるべき！なんて言われても、学生時代だってアルバイトしてたんだし、わかってるわよ。当たり前すぎて眠たいだけ。しかも、昨夜、友達と飲みすぎて、完全に二日酔い。余計つらいわ。

佐藤さん：なんでもかんでも新人扱いされると、正直カチンとくるよね。やたらルールとか常識とかマナーってうるさいし。この間なんか1分遅刻しただけで主任に怒られちゃったよ。1分じゃ仕事なんかできっこないんだから、大目に見てくれてもいいのにさ。

秋本さん：ほんとね。とにかく私たちにも、雑用じゃなくって早くまともな仕事をさせてよねって感じ。昨日は主任に資料を渡されて読んでおくように言われたんだけど、あまりにも退屈だから、ときどき給湯室に行っては携帯でメールしていたのよ。

Study ❶
社会人に求められること

社会に出るということは、どういうことを意味するのでしょうか。また、社会人に求められることについて考えてみましょう。

❶ 社会人になるということ

「社会人」とは、社会との関わりの中で、一定の責任を持って行動したり、生活したりしている人のことです。「会社員」あるいは「職業人」といった言葉とも同義に使われることが多く、就職を機に社会人になるとする考え方が一般的です。つまり、自分で働いて生計を立てている自立した大人を指します。

ちなみに欧米では、日本語の社会人に相当する言葉が存在しません。仕事を持たない子どもやお年寄りも含め、他人との関わりの中で生きているすべての人を社会人ととらえるからです。社会人という言葉は日本独自のもので、日本では、社会人になるということを次のようにとらえています。

- 学校を卒業し、親の保護から離れ、一定の収入を得て生活をする
- 仕事を通じて社会との関わりを持つ
- 自分の意志で物事を決め、自分の言動に責任を持つ
- ルールを守り、他人に迷惑をかけないように行動する

❷ 仕事を通じて社会に参加する

社会人になるということは、単に生活に必要な収入を得るだけでなく、仕事を通じて社会の「経済活動」に参加するということでもあります。

具体的には、製品を生産し販売したり、サービスを提供したりすることを通じて、人々の生活に役立つことです。また一方では、仕事で得た収入の中から税金や社会保険料などを納め、社会の一員として国や地方自治体に貢献します。

❸ 社会人に求められる自立

　学校を卒業して働き出すと、周囲からは一人の自立した社会人と見なされるようになります。そのことを自覚し、社会人として呼ぶにふさわしい言動や態度、生活姿勢を心がけることが必要です。
　では、立派な社会人として胸を張れるようになるためには、どうすればよいのでしょうか。
　社会人としての自立には、主に次の3つが求められます。

●経済的自立

　「経済的自立」とは、仕事をすることで自分の生活費を自分で稼ぎ、収入に応じた生計を立てることです。いつまでも親のすねをかじっていては、社会人として認められません。仕事で得た収入をどう使うかは個人の自由ですが、税金や社会保険料を支払い、衣食住に必要な被服費、食料費、水道光熱費、住宅費などを支払い、残ったお金は将来に備えて貯蓄に回すなど、適切な配分を考えながら計画的に使うことが大切です。
　親と同居している場合でも、生活費を家に入れるようにします。

●自己管理

　「自己管理」とは、自分の健康状態や時間の管理を適切に行い、生活のリズムを正しく保つことです。もちろん、身体の状態だけでなく、自分の心の声にも耳を傾け、過度のストレスを溜めすぎないようにすることも自己管理に含まれます。
　具体的には、次のようなことを心がけましょう。

- ●暴飲暴食をしない
- ●清潔で衛生的な生活環境を整える
- ●睡眠時間を十分に確保する
- ●適切な時間配分を行う
- ●約束の時間を厳守する
- ●公私を混同しない
- ●趣味などを通じてストレスを解消する

● 自己責任

　「自己責任」とは、自分の言動、選択、判断のすべてに「責任」を持つことです。責任は「権利」と一体の関係にあります。自分の権利を主張したり、行使したりすることも大切ですが、それに伴う責任を自覚することも必要です。たとえば、「**この仕事は私にやらせていただけませんか？**」とか「**この方法でいきたいと思います**」といったように、自ら選択するという権利を主張するのなら、成功しようと失敗しようと、その結果にも責任を持たなければなりません。他人に責任を押し付けたり、他人の好意に甘えすぎたりせず、自分の頭でしっかりと考え、最終的には自分の責任で物事を決断するようにしましょう。ただし、自己判断に迷うような場合には、上司や先輩に相談することが必要です。

　また、次のようなことも自己責任であると考え、常に自分の行動を振り返るようにしましょう。

- 災害や事件、事故などのさまざまな危険から、自分の生命や身体を守る
- 堅実かつ合理的な金銭管理や生活設計を行う
- 時代の流れや環境の変化に応じた新しい知識や技術の習得に努める

❹ 社会の一員としての自覚

　社会は人と人のつながりで成り立っています。他人と良好な関係を築き、物事を円滑に進めるためにも、「社会の一員」であることを自覚した行動が求められます。

　社会の一員であることを自覚した行動とは、次のようなものです。

● 他人に迷惑をかけない

　他人に迷惑をかけるような行動は、社会人である以前に、人として好ましくありません。他人とうまく共存していくためには、公共の場でも、職場でも、他人に不快な思いをさせたり、不便な状況を強いたり、あるいは危険な目に合わせたりすることのないように心がけます。

●他人の助言に耳を傾ける

　自分の考えを相手に伝える「**自己主張**」も大切ですが、他人の考えに耳を傾ける「**他者傾聴**」も重要です。自分が常に正しいと思い込んでしまうと、問題点に気付くのが遅れたり、新しい発想ができなくなったりします。社会に出ると、自分より高いスキルや豊富な経験を持つ人たちにたくさん出会います。他人の助言に素直な心で耳を傾けると、客観的に自分を見直すことができ、次の一歩を踏み出すきっかけになります。もちろん、すべての助言を鵜呑みにする必要はありません。いったん自分の頭で考え、整理した上で、具体的な行動に移しましょう。

●社会のルールに従う

　さまざまな考え方を持つ人々が互いを尊重しながら共存していくために、社会にはさまざまな「ルール」が存在します。ルールを守らないと、他人に迷惑をかけたり、社会的な信頼を失ったりすることにもなりかねません。社会の一員として守るべきルールには次のようなものがあります。

ルールの種類	内容
法律	国会での議決を経て制定され、一般的に強制力を持つ。
条例	地方自治体により法律の規範内で制定される。
倫理	善悪などの判断において、人として守るべきこと。道徳またはモラルとも呼ぶ。
社内規程	社内向けに制定された企業独自のルール。

●常識やマナーをわきまえる

　人としての基本的な常識があり、正しいマナーを心得ていると、相手に好印象を与えるだけでなく、社会人として高い評価を得ることができます。また、どのような場面においても、自信を持って周囲の人と接することができるようになります。

Study ❷
組織の一員に なるということ

企業に就職すると、社会の一員としてだけでなく、組織の一員としての自覚も求められます。具体的にどのようなことを心がければよいのか考えてみましょう。

❶ 企業は社会的存在である

　企業は、営利を目的として活動する「社会的組織」です。社会人が社会との関わりの中で生活しているように、企業もまた多くの人たちとの関係の上に成り立っており、企業自身が「社会的存在」であるといえます。つまり、企業も社会の一員なのです。したがって、企業を取り巻くさまざまな関係者に対して適切な対応を心がけ、良好な関係を築き、ビジネスを円滑に進める必要があります。

企業を取り巻く主な関係者	関係
株主	企業に資金を提供する。
経営者	株主から経営の全権を預かっている。
社員	経営を実行する。
取引先	材料や商品を仕入れる。
お客様	仕入れた商品を販売または提供する。

❷ 組織の一員としての自覚

　経営を実行するのは、会社という組織を構成する社員です。企業が責任ある行動を通じて社会の一員としての信頼を高め、経営目標を確実に達成していくためには、社員一人一人の心がまえが重要になります。たとえ新入社員であっても、その会社の社員であることに変わりはありません。「自分が会社の看板を背負っている」ということを自覚する必要があります。

　組織の一員であることを自覚した行動とは、次のようなものです。

●会社のルールを守る

　会社には、社員が守るべき基本的なルールが存在します。組織によって種類にも内容にも違いがありますが、組織の一員としてルールを守るのは当然のことです。まず、自分の会社にどのようなルールがあるのかを確認し、ルールを守って快適に仕事ができる環境を維持しましょう。

社員が守るべきルールには、次のようなものがあります。

ルールの種類	内容
就業規則	定年、勤務時間、給与など、社員が就業するにあたっての条件を定めたもの。
情報セキュリティ規程	書類やデータ、個人情報などの情報の取り扱い方を定めたもの。
各種業務マニュアル	業務の担当者、作業を行うタイミング、具体的な手順などを定めたもの。

　また、これらのルール以外にも、備品の収納場所や収納方法、朝礼の進め方、雑務のやり方など、明文化されていない慣習的なルールや、個人のSNSの利用指針を示したソーシャルメディアガイドラインといったルールも存在します。

● **自分の立場や役割を理解して行動する**

　会社に就職すると、いずれかの部門に配属されます。組織の一員である社員は、配属された部門の目標を達成するために、それぞれの立場や役割に応じて個人の目標を設定し、活動することになります。そのためにはまず、自分の置かれた立場や、自分に求められている役割を理解することが重要です。新入社員には新入社員なりの役割が与えられるはずです。単に上司や先輩から指示を受けるだけでなく、自分に何を期待されているのかを考え、期待に応えられるように努力しましょう。

　また、自分の力では十分な成果を出すことが難しい場合には、他人の協力を得ることも必要になります。職場でともに働くメンバーの立場や役割を理解すると、自分の立場や役割をわきまえた上で、適切なメンバーに速やかに相談したり、協力を依頼したりすることができます。

● **指示系統に従って業務を遂行する**

　「指示系統」とは、誰の指示を受けて誰が動くかという順序を示したものです。組織の規模に関係なく、職場には決められた指示系統が存在します。

　基本的には上司から部下に指示を出すのが一般的です。部長や課長などの管理職からの指示もあれば、係長や主任と呼ばれるリーダーからの指示もあるでしょう。また、業務の内容によっては先輩が指示を出す場合もあります。必ず誰の指示で動くべきか、誰に相談すべきかを確認してから、業務を遂行するようにします。

私の体験談

社外ではどこに誰の目があるかわからない

取引先での打ち合わせのことでした。先方の担当であるAさんの態度が横柄で、とても気分の悪い打ち合わせになりました。むしゃくしゃした気持ちのまま、Aさんへの不満を個人のSNSに投稿したのです。もちろん、具体的な社名や実名は書きませんでした。

しかし、わかる人にはわかるようです。自分のことが書かれていると気がついたAさんが、取引を打ち切りたいと連絡をしてきたのです。

すぐに謝罪に伺ったものの、信用は取り戻せませんでした。浅はかな行動の代償は、あまりにも大きすぎました。

いくら個人のSNSとはいえ、仕事に関した情報を記載することはさけるべきだと痛感しました。

ここがポイント！

情報漏えいを防ぐための重要なルール

2003年に個人情報保護法が施行されてから、あらゆる企業で、個人情報や機密情報が含まれた書類やデータの取り扱いが厳しくなっています。一歩間違えると重大な情報漏えいにもつながりかねないため、多くの企業では社外への持ち出しを禁じています。また、持ち出しだけではなく、破棄する場合にもルールを設けている企業もあります。

情報の重要度に応じた破棄方法や保管方法など、取り扱いルールを事前に確認し、理解しておきましょう。

Study ❸
働くことに真剣になろう

自分の将来を思い描き、誰もが真剣に選んだはずの就職先。その気持ちを大切にするためにも、改めて働くことについて考えてみましょう。

❶ 働く目的を振り返る

　就職活動中は、自己分析を行い、仕事を通じて何を得たいのか、何を成し遂げたいのかを自分に問いかけ、5年後、10年後までをイメージしながら仕事や会社を探します。そうやって自分の価値観に合う仕事や会社を見つけ、入社試験を受け、狭き門をくぐりぬけて就職した会社です。就職できたことで安心していてはいけません。いよいよここからがキャリアアップに向けたスタートです。自分は何のために働こうと思ったのかをもう一度振り返り、組織の一員として自分に何ができるのか、自分は何をすべきなのかを考え、適切な目標を定めて努力する必要があります。

❷ 仕事の生産性を上げる

　企業は、適正な利益を生み出し、将来にわたって存続することを目的に活動しています。そこで働く社員の給料は必要経費です。社員を雇用している限り、一日中ただ席に座っているだけでも給料を支払わなければなりません。たとえば、一日に5件の受注を決めた営業マンと、1件の受注を決めた営業マンがいたとしましょう。同期である二人の給料が同じ額だとしたら、前者の営業マンの方が同じ時間でより多くの利益を生み出したことになります。企業がどちらの社員を高く評価するかは明らかです。

　この例からもわかるように、社員には仕事の生産性を高める努力が求められます。そのためにも、一日も早く仕事を覚え、利益に貢献できる社員になることが重要です。「時は金なり」という言葉がありますが、仕事をする際には、「勤務時間は金なり」を意識するとよいでしょう。

❸ 働く姿勢が勤務態度にも表れる

　遅刻や欠勤、早退、私用での外出が多いと、仕事を効率よく進めることはできません。公私を混同したルーズな勤務態度はもってのほかです。組織および個人の目標達成に向けて、自分の能力を最大限に発揮しようと思えば、おのずと時間の使い方にも厳しくなるものです。

Study ❹
仕事に責任を持とう

会社に就職すると、組織の一員として一定の成果を出すことが求められます。社会人に求められる責任の重さについて理解しましょう。

❶ 成果を出すことへの責任

　学生時代は、たとえ学校を休んでも、授業をさぼって遊んでいても、その結果単位を落としたとしても、困るのは自分自身であり、誰かに多大な迷惑をかけることはありませんでした。また、テストの点数が悪かったことや、単位を落としたことについて、学校から責任を問われることもありませんでした。それは、学校のためにではなく、自分の学力や能力の向上のために学んでいたからです。

　しかし、社会人は違います。企業は経営目標を達成するために各部門に必要な役割を割り振ります。それを受けて各部門は、部門目標を設定して活動します。部門を構成する社員は、各部門の目標に沿って個人の目標を設定し、その達成に向けて努力することになります。つまり、一人一人の目標達成が最終的には会社の利益や成功につながっていくため、社員には一定の成果を出すことが求められます。成果を正しく評価し、給与や賞与の額、昇進などの待遇に反映する仕組みがあるのもそのためです。会社から対価となる給与をもらって仕事をすることからも、期待に応える責任があることがわかるでしょう。

❷ 失敗は成功のもと

　成果を出すことだけでなく、成果を出すためのプロセスや、失敗に対しても責任を持つことが重要です。会社では、学生時代と異なり、失敗したときの周囲への影響も大きなものになります。だからといって、失敗の責任を他人に押し付けてはいけません。失敗した原因を分析し、素直に反省し、次の機会には成功するように学習することが重要です。こうして経験を積むことで、自分を成長させることができます。仕事には常に責任が付いてまわるからこそ、それだけやりがいもあるのです。

Study ❺

仕事を進める上で必要なもの

目標が決まれば、次は達成に向けた具体的な活動を行うことになります。組織の一員として、仕事を進める上で必要な意識や姿勢について考えてみましょう。

❶ 当事者意識

「当事者意識」とは、ある事柄に自分が直接関係しているという意識のことです。「責任感」という言葉で置き換えることもできます。業務を遂行する上では、常に「これは私の仕事である」という意識を持つことが大切です。「自分には関係ない」とか「指示されたからやる」では、最初から「失敗しても自分のせいではない」と主張しているようなもので、まるで責任感が感じられません。このような気持ちで仕事に取り組んでいると、結果として、うまくいかないからと途中で投げ出したり、失敗したときの責任を他人に押し付けたりすることになります。

仕事に積極的に関わろうという気持ちでいると、うまくいかないときや失敗したときなどにも、「何とかしよう」とか「次はこうしよう」と意欲がわいてくるものです。また、意欲的に仕事に取り組む人に対しては、周囲も気持ちよく手を差し伸べてくれます。こうして組織の中にとけこみ、会社の一員であることを実感できるようになると、仕事に対するやりがいも違ってきます。

当事者意識を持つためには、会社の一員として、他の部門が担当している業務や、企業としての取り組みを理解することも大切です。たとえば、会社が環境問題への取り組みを積極的に推進しているのであれば、自分の担当業務において環境への貢献を考えてみることもできるでしょう。会社の中で起きているすべてのことは、「自分に関係あること」と考えることが重要なのです。

❷ 問題意識

「問題意識」とは、目の前の事象に対して、常に問題点がないかどうかを問いかける意識のことです。これまで「一番効率のよい方法だ」と思っていたようなことも、改めて見直してみると、改善点が見つかるものです。仕事に慣れ、経験を積めば積むほど、今まで見えなかったことが見えるようにもなります。

たとえば、次のようなことが思い当たるとしたら、そこには改善の余地があると考えられます。

- 似たような書類を繰り返し作成している
- 作業の中で、簡略化できることや省略できることが多い
- 作業方法が決まっておらず、毎回異なる方法で行っている
- 一連の作業の中に、中断や遅延が発生する作業がある

日ごろから問題意識を持って仕事に取り組み、常に改善点がないかどうかを考えるように心がけると、より効率よく業務を遂行できるだけでなく、さまざまなノウハウが蓄積され、自分自身を成長させることができます。

❸ 主体的な姿勢

当事者意識や問題意識を持って仕事に取り組むことは、仕事への**「主体性」**を持つことにもつながります。主体的に仕事に取り組むと、成果を上げるためにはどうすればよいのかを自分の頭で考えるようになり、仕事上のトラブルを未然に回避したり、トラブルによる影響を最小限に抑えられるように対処したりする能力も養われます。

私の体験談

会社と社員は一心同体

以前に私の会社が情報漏えい問題を起こしたとき、顧客先で「私の部署とは関係ないことですからご安心ください」と伝えたら、急に担当者の顔色が変わりました。私の発言のどこが気に障ったのかさえわからずにいたら、隣にいた上司が慌てて「ご心配かけまして申し訳ありません。確かに私どもの部署が起こしたことではございませんが、二度とこのようなことが起きないように、全社を挙げて取り組んで参りますので…」と深々と頭を下げたのです。
そこでようやく自分の間違いに気付いたわけですが、当事者意識が欠けた自分を今思い出しても恥ずかしくなりますね。

Study ❻
仕事に必要な能力や知識を身に付けよう

仕事をより円滑に進めるためには、自分の能力や知識をより高いレベルに引き上げる必要があります。そのための自己啓発について考えてみましょう。

❶ 自己啓発の意義

「自己啓発」とは、より高いレベルの能力や知識を身に付けるために、自発的に学習を行うことです。取り組まなければいけないものではなく、あくまでも個人の主体性に任されています。しかし、自己啓発に積極的に取り組んでいる人は、一般的に目標を達成する能力も高く、仕事にも大きなやりがいを持って取り組むことができます。

❷ 自己啓発の方法

自己啓発の方法は、外部セミナーや自社セミナーなどの受講、ボランティア活動への参加、自学自習形式などさまざまです。中でも自学自習形式は、場所や時間に制約されることなく実施できるため、最も取り組みやすい自己啓発といえます。代表的なものとして、資格取得に向けた自己学習があります。

自己啓発の進め方のポイントは次のとおりです。

- 自分の仕事に必要な学習を優先する
- 自分のキャリアプランに合わせて、将来的に必要な学習に積極的に取り組む
- いつまでに、何を、何のために学習するのかといった行動計画を立てる
- 短期および長期の達成目標を明確にする

Study ❼

自分に対する目標を立てよう

仕事を通じて自分を成長させるためには、明確な目標を持つことが重要です。組織目標と整合性の取れた個人の目標設定について理解しましょう。

❶ 目標の種類

　人は、自分の中でいろいろな目標を設定し、それを達成することで成長していきます。目標とする学校を目指して勉強に励んだり、クラブ活動では全国大会への出場を目指して練習を積み重ねたりなど、誰もが目標を達成するために努力した経験があるでしょう。

　仕事を進める上では、次のような目標が必要になります。

●日常業務を遂行する上での目標

　担当する業務を遂行するための目標です。企業は、中長期的な目標の達成に向けて活動を展開します。企業を構成する各部門は、年間目標や半期目標、月間目標などを設定し、その達成に向けて具体的な取り組みを実践していきます。したがって、各部門に所属する社員は、部門目標に基づいて個人の目標を設定する必要があります。

●業務改善のための目標

　担当する業務上の問題を解決するだけでなく、組織の一員として、部門や会社が抱えている問題の解決にも積極的に取り組む姿勢が大切です。「なるようになる」あるいは「誰かが解決してくれるだろう」という考え方では、いつまでたっても問題を解決できないだけでなく、さらに問題を大きくしてしまうことも考えられます。問題を発見したら、どのように解決すべきかを考え、解決に向けた現実的な目標を設定し、具体的な行動に移しましょう。

● **自己啓発における目標**

現在の仕事に直接的または間接的に必要な能力や知識のレベルアップを図るだけでなく、将来に向けたキャリアプランを実現するための目標を設定します。どのような能力や知識を、何のために身に付けるのかを明らかにするとともに、期限を設定して自主的に取り組んでいきましょう。

❷ 目標達成に必要なこと

企業の経営方針や経営目標と連動して、部門長は自部門の目標を立てます。その目標を達成するために一人一人が活動していくわけですから、個人の目標は部門目標に沿ったものでなければ意味がありません。たとえば営業部門では、部門の売上目標という明確な達成目標が示され、それを受けて各営業マンが自分の売上目標を設定します。一般的に個人の目標設定は、半期ごと、または年度ごとに、所属する部門の管理職と相談して決定します。

目標設定に必要なポイントは次のとおりです。

- 具体的な数値目標を設定する
- 目標達成の期限を決める
- 目標達成に向けたスケジュールを立てる
- 目標を達成するための具体的な方法を考える

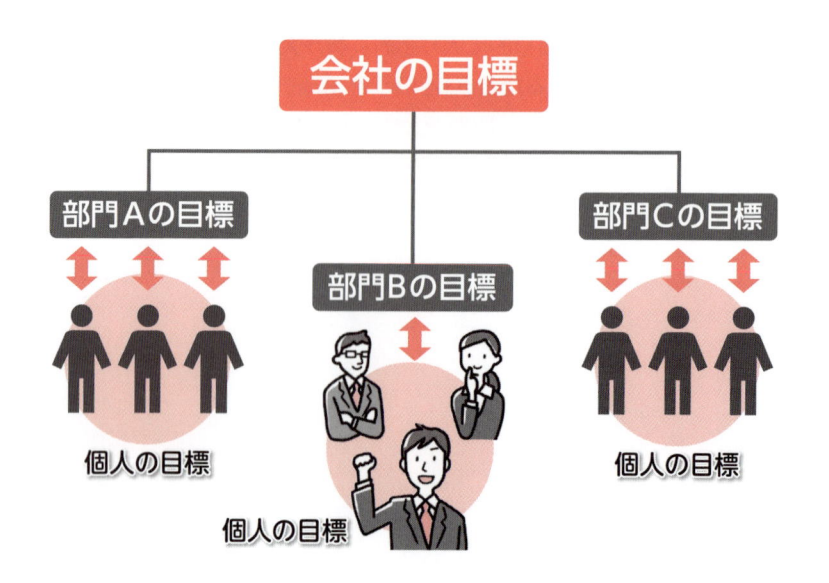

私の体験談

目標は具体的に

海外部門とやり取りのある部署に配属された私は、「今年度中に英語力をアップする」という目標を立てました。すると、上司に「そんなあいまいな目標では、あなたの英語力をどうやって評価すればいいのかわからないよ。もっと具体的な目標にしなさい」と返されてしまいました。どうすればよいのか、何も思い付かなかった私は先輩に相談。先輩から、「英検やTOEICなど、英語力を示すための基準や数値を使って自分の目標を明確にし、いつまでに、どうやって、どのレベルを目指すかという具体的な計画を盛り込むといいよ」とアドバイスをもらいました。

さっそくこのアドバイスをもとに、目標を「TOEIC700点以上」に定め、勉強はいつから開始して、いつ受験するかといったスケジュールを添えて上司に再度提出。今度は「これで、あなたの英語力を客観的に判断できるよ」と笑って受けとってもらえました。

ここがポイント！

仕事を進める上で必要な3つのスキル

仕事に必要な能力には、次のようなものがあります。自分の仕事や目指すべき方向性に合わせて、さまざまな学習の機会を利用し、計画的に必要な能力を身に付けましょう。

能力	内容
テクニカルスキル	業種や職種により必要とされる事務能力のこと。文書作成能力、ファイリング能力、簿記、語学力など。
ヒューマンスキル	対人関係を円滑にし、社内外の人たちとよりよい人間関係を築き、維持していく能力のこと。 コミュニケーション力、リーダーシップ力、交渉力など。
コンセプチュアルスキル	仕事の状況に応じて正確かつ迅速に対応できる状況判断能力のこと。 問題解決力、情報収集力など。

Step 1 ▼▼▼ 社会人としての自覚を持とう

Try Again

もう一度社会人に必要な自覚について考えよう

学習した内容を踏まえて、ステップの冒頭の二人の会話をもう一度振り返ってみましょう。

ある会社に新卒で入社し、同じ部署に配属された佐藤さんと秋本さん。二人は、社会人になるとはどういうことなのか、まだよく理解していません。右も左もわからない新人なのですから、もっと謙虚な気持ちで仕事に向かいたいものですね。

二人が見直すべきポイントは、次のとおりです。

佐藤さん：あ～あ。学生時代は気楽でよかったよなぁ。社会人になったとたん、親から生活費を入れろって言われるしさ。社会人一年目の給料なんかたかが知れてるんだから、勘弁してほしいよ。❶

秋本さん：それもそうだけど、新人教育も退屈。今さら、社会人とはこうあるべき！なんて言われても、学生時代だってアルバイトしてたんだし、わかってるわよ。❷当たり前すぎて眠たいだけ。しかも、昨夜、友達と飲みすぎて、完全に二日酔い。余計つらいわ。❸

佐藤さん：なんでもかんでも新人扱いされると、正直カチンとくるよね。やたらルールとか常識とかマナーってうるさいし。❹この間なんかたった1分遅刻しただけで主任に怒られちゃったよ。1分じゃ仕事なんかできっこないんだから、大目に見てくれてもいいのにさ。❺

秋本さん：ほんとね。とにかく私たちにも、雑用じゃなくって早くまともな仕事をさせてよねって感じ。昨日は主任に資料を渡されて読んでおくように言われたんだけど、あまりにも退屈だから、ときどき給湯室に行っては携帯でメールしていたのよ。❻

❶ 親に経済的に甘えようという考え

　社会人には、学校を卒業して親の保護から離れ、経済的に自立することが求められます。そのため、親と同居している場合でも、生活費を家に入れるようにしましょう。

❷ 学生と社会人の違いを認識していない点

　自分中心の生活だった学生時代とは異なり、社会人になると、責任の重さや人間関係、守るべきルール、生活スタイルなどが大きく変わります。対価となる給与をもらって仕事をするのですから、会社の利益のために一定の成果を出せるような人間にならなければなりません。

❸ 自己管理ができていない点

　社会人は、常にベストな状態で仕事ができるように、自分の健康状態や時間の管理を適切に行い、生活のリズムを正しく保つことが必要です。

❹ 新人であるという自覚が足りない点

　自分はわからないことだらけの新人であるという謙虚な気持ちが必要です。このことを自覚していないと、上司や先輩からの助言に素直に耳を傾けることもできません。ルールを守ることは、仕事を円滑に進めたり、良好な人間関係を築いたり、組織の一員として正しく行動するためにも重要なことです。

　また、社会人としての常識やビジネスマナーをおろそかにすると、自分が恥ずかしい思いをするだけでなく、上司や先輩にも恥ずかしい思いをさせることにもなります。

❺ 社会人としての基本を理解していない点

　時間を厳守することは、社会人としての基本です。また、新人は、仕事を教えてもらっている立場でもあります。たった1分の遅刻であっても、自分の時間とともに、先輩の時間をも浪費してしまったことになります。

　時間を守れないと、顧客の印象を悪くしたり、焦りから業務上のミスを誘発したりすることも考えられるため、時間厳守を心がけましょう。

❻働くことに対する真剣さが足りない点

　上司からの指示どおりに資料に目を通すだけでなく、疑問に思ったことを書き出したり、さらに詳しく調べたりなど、仕事に主体的に取り組む姿勢が大切です。また、社会人になると、学生時代なら指摘されなかったような私用の電話やメールのやり取りにおいてもマナーが問われます。公私を混同しないように注意しましょう。

社会人としての自覚が足りないと、自分が恥ずかしい思いをするだけではなく、会社に迷惑をかけたり、損害を与えたりする可能性もあります。そもそもなぜ働くのかという基本に立ち返り、組織の中での自分の役割を見失わないようにしましょう。

まとめ

このステップでは、次のような内容を学習しました。
理解できたかどうか、☑印を付けてチェックしてみましょう。

- ☑ 社会人に求められることを理解した
- ☑ 組織の一員として必要な自覚について説明できる
- ☑ 責任を持って仕事をすることの重要性を理解した
- ☑ 仕事を進める上で必要な意識や姿勢について説明できる
- ☑ 自己啓発の意義と方法について理解した
- ☑ 自分に対する目標の立て方を理解した

Step 2

プロ意識を持とう

Try ▶ 仕事に必要なプロ意識って何だろう？	…………	24
Study ❶ ▶ プロ意識を持って仕事をしよう	…………	25
Study ❷ ▶ 仕事は自分のキャリアを磨くステージ	………	27
Study ❸ ▶ 顧客第一の姿勢を大切にしよう	…………	28
Study ❹ ▶ 時間や納期を厳守しよう	………………	31
Study ❺ ▶ 品質を守ろう	………………………	33
Study ❻ ▶ コストを意識しよう	…………………	34
Try Again ▶ もう一度プロ意識について考えよう	………	36

Try

仕事に必要なプロ意識って何だろう?

ようやく学生と社会人の違いを理解し始めた佐藤さんと秋本さん。今度は上司の一言がきっかけで、プロ意識について語っているようです。

> 私たちは「プロ」と聞くと、ついつい特定の人たちをイメージしてしまいますよね。「プロ意識」という言葉について、二人の考え方の間違いを探してみましょう。

佐藤さん:今日さ、主任から「プロ意識を持って仕事しろよ」って言われたんだけど、そもそも会社員にプロもアマチュアもないと思わない?スポーツ選手やミュージシャンにプロはあっても、プロの会社員とか、プロのビジネスマンなんて聞いたことないよ。

秋本さん:そうだよね。簡単には真似できないような技とか才能とかを持っていて、常に自分の腕一本で勝負している人がプロでしょ。それこそ一握りの人たちよね。会社員なんか世の中にごまんといるわけだし、プロの世界とは最も縁遠い気がする。

佐藤さん:そう考えると、自分の腕一本で食べていくプロの人生とは違って、会社員なんて楽なもんだよな。毎日出勤さえしていれば給料が確実にもらえて、浮き沈みもないし、一発勝負でもない。たとえ辞めても、会社はいくらでもあるから転職すればいいだけのことさ。

秋本さん:主任が伝えたかったのは、単に、プロを見習うぐらいのつもりでがんばれってことなんじゃないかな。たぶん、そんなに深い意味はないわよ。

Study ❶

プロ意識を持って仕事をしよう

どんな仕事でも、自分の能力を継続的に高めていくことは可能です。では、仕事を通じて自分を成長させるためには、どうすればよいのでしょうか。プロ意識を持つことの大切さについて考えてみましょう。

❶ プロ意識を持つということ

　「プロ」とは、プロフェッショナルの略で、ある領域で生計を立てている人のことを指します。一般的にプロと聞くと、スポーツ選手や職人など、専門的な知識や技術を身に付けた人や、ごく一部の限られた職種をイメージしがちですが、仕事をして報酬を受け取るということは、すでにその道のプロであるといえます。

　では、プロに共通する特徴は何でしょうか。彼らは、自分の仕事に誇りを持ち、前回より今回、今回より次回と、常により高い成果を上げることを目標に、自分を磨き続けています。なぜなら、プロの世界は、結果や実績が問われるからです。

　しかし、よりよい成果を上げた人がより高く評価されるのは、どんな仕事でも同じです。企業にとっても、成果を伴わない仕事は意味がありません。つまり、**「自分はこの仕事のプロである」**という高い職業意識、すなわち**「プロ意識」**を持つことは、組織の一員として仕事をする上でも重要なことなのです。組織の中で**「自分にしかできない仕事」**を確立し、報酬に見合う成果を生み出せるようになれば、それはもう立派なプロであるといえるでしょう。反対に、いつまでたっても上司の指示がないと動けないようでは、プロとは呼べません。

　プロ意識を持った人とは、次のような人のことです。

- 自分の現状に決して満足せず、より高い目標を設定する
- 安易に他人の力に依存しない
- より高いレベルの能力や知識の習得に励む
- 当事者意識と問題意識を持って仕事をする
- 失敗の原因を分析して次の仕事に活かす
- 目標を達成するための努力を惜しまない
- よりよい成果を生み出すための工夫をする
- 自分の会社や自分の担当している仕事に誇りを持つ

❷ 人生を左右する働く目的

　プロ意識を持って仕事をすると、仕事に対して主体的に取り組むようになり、成果に対する責任感が強まります。さらに、成果が上がれば達成感や充実感を味わうことができ、周囲からの評価も高まり、より重要な仕事を任されるようになっていきます。そうなると、当然、仕事に対するモチベーションも違ってくるでしょう。必要とされているという実感が原動力となり、より多くのやりがいや喜びを得ようと、さらに努力するようになります。こうして社員一人一人がプロ意識を持つことで、結果的に、企業により多くの利益をもたらすことになるのです。
　つまり、プロ意識は、仕事にやりがいを見出し、自分自身を成長させるだけでなく、質の高い仕事を実現し、企業の競争力を高めるためにも不可欠なものといえます。
　質の高い仕事とは、具体的には次のような仕事のことです。

- 製品やサービスに対する顧客満足度が高い
- 期限や納期が厳守されている
- 求められている以上の品質が確保されている
- コスト（費用）が最小限に抑えられている

（イコール）

Study ❷
仕事は自分のキャリアを磨くステージ

仕事は、自分のキャリアプランを実践する場でもあります。仕事を通じてキャリアアップを図るためにはどうしたらよいのかを考えてみましょう。

❶ キャリアアップのチャンスを見つける

「キャリアプラン」とは、理想とする将来の自分の姿を明確にし、その実現に向けた具体的な行動計画を立てることです。キャリアプランを作成することは自分の人生を考えることに等しく、また、自分がどの道でプロを目指したいのかを考えることにもつながります。仕事は、そのキャリアプランを実践する最高のステージであると考えましょう。そうすると、日々の仕事の中にも、自分のキャリアを磨くチャンスがたくさんあることに気付くはずです。

たとえば、営業部門に配属された新入社員は、はじめのうちは上司や先輩に同行しながら営業活動を行います。このとき、ただぼんやり同行しているだけでは何も得られません。上司や先輩の仕事ぶりを見ながら、顧客の要求を上手に引き出す方法や、顧客との交渉を進めていく方法、効果的な提案書の作り方を学ぶことも可能です。ときには先輩に代わって提案活動の実践を行い、アドバイスをもらうこともできるでしょう。こうして仕事の中にチャンスを見つけ、ひとつひとつの経験を無駄にすることなく、確実に仕事に必要な能力や知識を身に付けていくようにします。

❷ キャリアプランを作成する

キャリアアップを図るためには、まず、仕事を通じて「私は○○のプロになる」という意識を持ち、それを具体化したキャリアプランを作成することが重要です。その上で、キャリアプランの中で描いた短期・中期・長期の目標に沿って、継続的に自分の能力や知識を高めていきます。ただし、社会人として経験を積んでいくうちに、描いていた将来像が少しずつ変化していくことも考えられるため、キャリアプランは定期的に見直す必要があります。

また、仕事はいつも順調に進むとは限りません。困難な課題に直面したり、挫折したりすることもあります。そのようなときに明確なキャリアプランがあれば、再び前向きな気持ちで仕事に取り組むことができるでしょう。

Study ❸
顧客第一の姿勢を大切にしよう

顧客がいなければ企業は存続できません。当事者意識や問題意識を持ち、仕事に必要な能力や知識を磨くのも、仕事の質を高め、顧客によりよい製品やサービスを提供するためであることを理解しましょう。

❶ 顧客あっての企業

　すべての企業は、顧客に自社の製品やサービスを継続的に購入してもらうことで利益を得ています。最終的に自社の製品やサービスを評価するのは顧客であり、顧客に受け入れられない企業は淘汰されていくことになります。しかも、評価の対象は製品やサービスだけではありません。日ごろの社員の言動や態度、企業全体の取り組みなども評価の対象となります。たった一度でもブランドイメージを損なえば、製品やサービスのイメージまでが低下し、顧客は簡単に離れていきます。

　たとえば、顧客情報を流出させてしまった会社に個人情報を渡すことには、誰でも抵抗を感じるものです。また、たとえ健康上の被害が出ていなくても、偽装表示を行った会社の食品を購入したいとは思わないでしょう。ブランドイメージの低下は、まだ購入経験のない潜在顧客までを巻き込んでしまうのです。

　つまり、顧客あっての企業であり、企業はもちろん、そこで働く社員一人一人が、「顧客の視点でどうあるべきかを考える」という「顧客第一」の意識を持つ必要があります。このことを肝に銘じないまま仕事に取り組むと、思わぬミスをしたり、顧客の印象を悪くしたり、場合によっては、大事なお得意様を失ったりして、会社に大きな損失を与えかねません。

　顧客より自分や会社の都合を優先した次のような行動は慎みましょう。

- 顧客から定時以降に急な打ち合わせを依頼されたが、職場の歓送迎会が入っているという理由で断った
- 電話をかけてきた顧客に対し、担当者が不在にしているため、あとでかけ直してほしいと依頼した
- 顧客からの電話での問い合わせに即答できず、調べてから回答すると約束したが、他の仕事をしているうちに忘れてしまった
- 顧客先への訪問の約束をしていたが、社内の打ち合わせが長引いてしまい、直前になって急きょキャンセルした
- 納期を指定されたが、これ以上忙しくなると残業が増えるため、無理だと断った
- ある製品に対するクレームが増えていることを認識しながら、他の仕事が忙しく、数か月もの間、問題を放置していた

❷ 顧客満足度の最大化を目指す

　顧客第一の意識を持つということは、すべての仕事において、「顧客満足度」を高めるためにどうしたらよいかを考えることを意味します。そもそも社員が受け取る報酬は、企業が顧客から得た収入の中から支払われます。このことを考えれば、顧客のために、プロ意識を持って仕事をすることがいかに重要であるかを理解できるでしょう。

　顧客満足度を高めるためのポイントは、次のとおりです。

● 顧客の声に耳を傾ける

　自社の製品やサービスを高く評価してもらえると、大変うれしいものです。しかし、よい評価に満足しているだけでは進歩がありません。よりよい製品やサービスを生み出すためには、顧客がどこに不満を感じているのか、さらにどんなことを望んでいるのかなど、あらゆる声に素直に耳を傾けることが重要です。自社や自分にとって都合の悪いことこそしっかりと受けとめ、反省し、必ず改善の努力をしましょう。そのためにも、顧客と良好な関係を築き、密にコミュニケーションを取ることが必要になります。

● **顧客の声に応える**

　顧客の声に耳を傾け、顧客ニーズを引き出したら、それを自社の製品やサービスにどのように取り込むべきかを考えます。そして、顧客ニーズに応える製品やサービスを、最適なタイミングで提供できるように努力します。必要以上に時間がかかっては、競合他社に先を越されるかもしれません。したがって、既存顧客の声に耳を傾けるだけでなく、世の中の景気動向や、潜在顧客のニーズ、他社の動きなどを常にリサーチしておくことも重要です。

● **仕事の進め方を改善する**

　顧客は、より質の高い製品やサービスを、できるだけ早く、リーズナブルな価格で手に入れたいと考えます。精度の低い仕事や、必要以上に時間やコストのかかる仕事は、製品やサービスの質、納期、価格にもそれが反映され、結果として顧客満足度を低下させる原因となります。また、日々の忙しさに追われていると、つい自社や自分の都合が中心になってしまい、顧客を第一に考えるという意識が薄れてしまいがちです。ときどき自分の仕事ぶりを振り返り、仕事に対する自分の姿勢を見直すとともに、より効率的な仕事の進め方を考えるようにしましょう。

Study ❹
時間や納期を厳守しよう

時間を厳守することは社会人の基本であり、最終的には顧客のために必要なことです。約束した時間や納期を守ることの大切さについて考えてみましょう。

❶ 時間に余裕を持って取り組む

　仕事には必ず期限があります。しかも、一日の中でやるべき仕事はひとつではありません。事務的な手続きをしたり、社内向けの説明資料を作成したり、顧客先に出向いたりなど、複数の仕事を効率よくこなす必要があります。しかも、空いた時間ですぐに処理できる仕事もあれば、今日中に完了しなければならない仕事、数日間をかけてじっくり考えなくてはならない仕事など、仕事によって重要度や緊急度もさまざまです。したがって、手当たり次第に手を付けるというやり方では、必ずどこかにしわ寄せがきます。仕事の優先順位を判断するとともに、手順や段取りを踏まえた適切な時間配分、進捗状況の管理などを行い、やるべき仕事を、もれなく、正確に、かつ期限までに必ず完了できるように計画的に進めましょう。緊急度の高い仕事を速やかに処理することも大切ですが、重要度の高い仕事ほど時間に余裕を持って取り組めるようにすることも重要です。

　また、より少ないコストでより多くの利益を生むことが企業の目標です。利益を生まない無駄な時間に対しても報酬が支払われているということを忘れずに、時間を有効に使って効率的に仕事をこなすように心がけましょう。

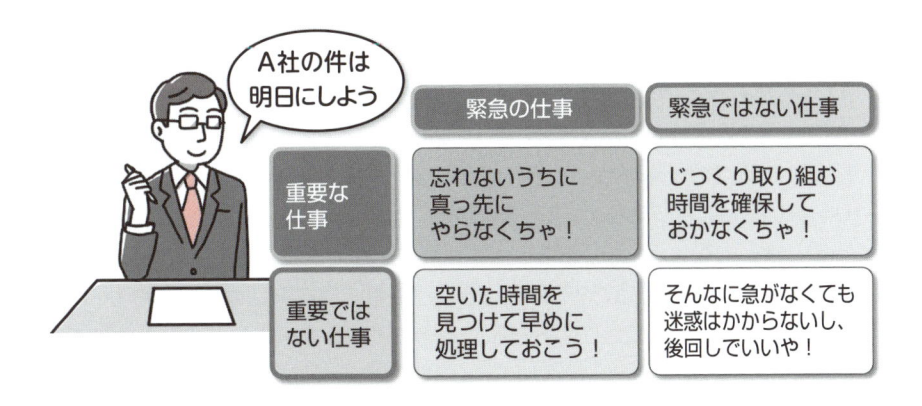

	緊急の仕事	緊急ではない仕事
重要な仕事	忘れないうちに真っ先にやらなくちゃ！	じっくり取り組む時間を確保しておかなくちゃ！
重要ではない仕事	空いた時間を見つけて早めに処理しておこう！	そんなに急がなくても迷惑はかからないし、後回しでいいや！

（A社の件は明日にしよう）

Step 2 プロ意識を持とう

❷ 納期厳守で顧客の信頼を高める

「納期」は、顧客に対して製品やサービスをいつまでに納めるかを約束した期日のことです。どんなに優れた製品やサービスであっても、納期を守れないようでは、顧客満足度は低下してしまいます。納期が遅れると顧客の予定に狂いが生じ、計画していたことが進められないなど、ビジネスに影響を与えることにもなりかねません。場合によっては、納期の遅延を理由に契約を破棄されるなど、継続的な顧客関係を維持できなくなる可能性もあります。

顧客と約束した納期を守るためには、その仕事に関わっている一人一人が、自分の仕事を目標とする期日までに確実に完了させることが重要になります。つまり、顧客に対してだけでなく、社内でも守るべき納期があるということです。したがって、仕事を進める際には、自分の仕事の遅れが全体のスケジュールにも影響を与えることをしっかりと自覚しなければなりません。他人の仕事にしわ寄せがいくだけでなく、無理にスケジュールの遅れを取り戻そうとすると、ミスやトラブルを招く原因ともなります。

納期を守るための仕事の進め方のポイントは、次のとおりです。

- 仕事を始める前に必ず納期を確認する
- 仕事の優先順位を明確にする
- 今日できることは明日に回さないようにする
- 日単位、週単位、月単位などで進捗状況をチェックする
- 自分一人の力では難しいと判断した場合は、上司の指示をあおぎ、適切な処置を取る

ここがポイント！

ToDoリストを活用する

やるべきことを一覧形式で書き出したものを「ToDoリスト」と呼びます。今日中にやるべき仕事をうっかり忘れてしまったり、期日が迫ってから慌てたりしないためにも、ToDoリストを作成し、やるべき仕事と期日を同時に管理するとよいでしょう。急な仕事の依頼が舞い込んできたときなどに優先順位を判断するのにも有効です。メモ用紙などに書き出す方法もありますが、インターネット上でToDoリストを作成できる便利なツールなども提供されています。

Study ❺

品質を守ろう

顧客満足度の鍵を握るのが品質です。品質を守ることの重要性や、要求された品質を満たすためのポイントを理解しましょう。

❶ 期待を超える品質を追求する

　家電製品を購入するシーンを思い浮かべてみてください。まず、どんな機能が欲しいかを考え、カタログで仕様を調べたり、店頭で使い勝手などをチェックしたりして購入したい製品を選びます。それでも、実際に使ってみるまでわからないこともたくさんあります。つまり、顧客は「これならよさそうだ」という期待のもとに、製品を購入することになるのです。

　企業にとっては、この期待にどれだけ応えられるかが重要になります。「期待はずれだった」か「期待どおりだった」か、あるいは「期待以上だった」かによって、その後の顧客との関係が大きく変わってくるからです。企業は、常に他社との競争にさらされている以上、顧客に対し期待以上の製品やサービスを提供できるように努力しなければなりません。

❷ 仕事の質を高めることの重要性

　顧客満足度の高い製品やサービスを提供するためには、顧客ニーズを正確に把握するだけでなく、納品までのすべてのプロセスにおいて、要求される品質を満たせるかどうかを継続的に管理していく必要があります。せっかくすばらしい機能を開発しても、使い勝手の悪い設計だったり、動作が安定しなかったり、梱包がいい加減だったりしてはもったいない話です。

　つまり、トータルで品質の高い製品やサービスを提供するためには、企画から設計、開発、製造、販売、サポートに至るまで、すべての仕事の質を高める必要があり、そこに関わる社員一人一人がプロ意識を持って仕事に取り組むことが重要になります。ひとつひとつの仕事で求められている以上の成果を上げることができれば、結果的に、競争力のある製品やサービスを生むことにつながるのです。

Study ❻
コストを意識しよう

企業活動を行う上で、コストの発生は避けられません。企業の利益を圧迫するコストについて考え、コストを意識しながら仕事ができる人になりましょう。

❶ 経営が成り立つ理由

　家計と同じで、企業には入ってくるお金もあれば、出ていくお金もあり、企業はこれを繰り返すことで経営を行っています。たとえば、営業マンの会話の中では、「今月の売上は？」とか「コストをもっと削れないのか？」、「この商談で利益は出たのか？」といったような内容がよく聞かれます。この売上やコスト、利益といった言葉は、学生時代にはあまり馴染みのなかったものですが、ビジネスにおいては日常的に使われる言葉です。

　「**売上**」とは、製品やサービスを販売して得た収入のことです。「**コスト**」とは、企業の経営の中で発生する費用のことで、人件費や交通費、事務所の家賃などが相当します。売上からコストを差し引いたものが「**利益**」となり、利益を出すことによって企業の経営が成り立っています。利益が多いほど、企業の経営状態がよいといえます。

❷ コストを意識することの重要性

　個人の財布の中であればリアルタイムに把握できるお金の動きも、会社のお金となると、なかなか見えてきません。それだけに、ついつい「**自分には関係ない**」という感覚に陥りがちです。しかし、自分が受け取る報酬をはじめ、顧客先への出張費、資料をコピーする紙、仕事で使う備品などもすべて、企業が支払うコストです。コストが増えれば、当然ながら、利益を圧迫することになります。利益が減れば、すぐにではなくても、個人の給与や賞与にもじわじわと影響が及ぶことになるでしょう。

　最小のコストで最大の利益を上げることを目標とする企業にとって、コスト削減は共通の課題であり、永遠の課題でもあります。社員一人一人が常にコストを意識し、自分が消費している時間や物を、コストに換算して考える癖を身に付けることが大切です。「**この1分1秒にもコストがかかっている**」と思えば、無駄かどうかの判断もしやすくなるはずです。

❸コストを抑える努力

　すべてのコストが悪であると考える必要はありません。品質を確保するために必要な投資もあるからです。コストを抑えることで仕事の質が低下するようでは、それこそ本末転倒でしょう。

　コストを抑えるための努力としては、次のようなものが考えられます。これらは、仕事の進め方を工夫することで実現が可能です。

- 業務手順を明確にして無駄な作業をなくす
- 同じ時間でより多くの仕事をこなせるように、一人一人のスキルを高める
- 戻り作業やミスの発生回数を減らす
- 全社レベルでペーパーレス化を図る
- eラーニングなどを活用して集合教育の機会を減らす
- システムなどを活用して手作業を自動化する

Try Again

もう一度プロ意識について考えよう

学習した内容を踏まえて、ステップの冒頭の二人の会話をもう一度振り返ってみましょう。

> 二人とも、プロ意識を持つことの意味や、その大切さがよくわかっていないようですね。まだまだ会社員という職業を甘く見ているようですが、実力の世界であることに変わりはありません。

二人が見直すべきポイントは、次のとおりです。

佐藤さん：今日さ、主任から「プロ意識を持って仕事しろよ」って言われたんだけど、そもそも会社員にプロもアマチュアもないと思わない？スポーツ選手やミュージシャンに「プロ」はあっても、プロの会社員とか、プロのビジネスマンなんて聞いたことないよ。❶

秋本さん：そうだよね。簡単には真似できないような技とか才能とかを持っていて、常に自分の腕一本で勝負している人がプロでしょ。それこそ一握りの人たちよね。会社員なんか世の中にごまんといるわけだし、プロの世界とは最も縁遠い気がする。❷

佐藤さん：そう考えると、自分の腕一本で食べていくプロの人生とは違って、会社員なんて楽なもんだよな。毎日出勤さえしていれば給料が確実にもらえて、浮き沈みもないし、一発勝負でもない。たとえ辞めても、会社はいくらでもあるから転職すればいいだけのことさ。❸

秋本さん：主任が伝えたかったのは、単に、プロを見習うぐらいのつもりでがんばれってことなんじゃないかな。たぶん、そんなに深い意味はないわよ。❹

---

❶、❷会社員にプロはいないという考え

プロと呼ばれる人たちは、自分の仕事に誇りを持ち、前回より今回、今回より次回と、常により高い成果を上げることを目標に、自分を磨き続けています。よりよい成果を上げた人がより高く評価されるのは、どんな仕事でも同じです。仕事をして報酬を受け取るということは、すでにその道のプロであるといえます。

確かに、プロの会社員、プロのビジネスマンといった表現は一般的に使われませんが、プロ意識を持って仕事をすることはとても重要なことです。自分の仕事に必要な能力や知識を継続的に磨き、プロ意識を持って仕事をするようにしましょう。

❸ 会社員は安定した職業であるという考え

出社さえしていれば確実に給料がもらえるという考えや、浮き沈みがない、チャンスはいくらでもあるという考えは間違いです。企業にとって、成果を伴わない仕事は意味がありません。会社員も成果に対して報酬が支払われるということを忘れないようにしましょう。

また、さまざまな経験を積み重ね、自分の能力や知識を磨いてきた人でなければ、会社を辞めたとき、すぐに「欲しい」と思ってくれる企業が現れるとは限りません。

❹ 「プロ意識」の意味を理解していない点

「プロ意識を持つ」とは、「自分はこの仕事のプロである」という高い職業意識を持つことを意味し、組織の一員として仕事をする上で重要なことです。おそらく主任は、「組織の中で自分にしかできない仕事を確立し、報酬に見合う成果を生み出せる人になりなさい」ということを伝えたかったのでしょう。

プロ意識を持って仕事をすると、仕事に対して主体的に取り組むようになり、成果に対する責任感が強まります。そして、よりよい成果を上げるために、おのずと仕事に真剣に取り組むようになるはずです。

どんな仕事でも、自分の仕事に誇りを持てるのはすばらしいことですね。自分の居場所を見つけた人に、いい加減な仕事などできるはずがありません。組織にとって必要不可欠な人材になるためにも、常に、自分に何ができるのか、何を求められているのかを自問自答するようにしましょう。

まとめ

このステップでは、次のような内容を学習しました。
理解できたかどうか、☑印を付けてチェックしてみましょう。

- ☑ プロ意識を持つとはどういうことかを説明できる
- ☑ プロ意識を持って仕事をすることの重要性を理解した
- ☑ 日々の仕事の中でキャリアを磨けることを理解した
- ☑ 顧客を第一に考えることの意味を説明できる
- ☑ 顧客満足度を高めるためのポイントを理解した
- ☑ 時間や納期を守るための仕事の進め方を理解した
- ☑ 品質を守ることの重要性を理解した
- ☑ コストを意識することの意味を説明できる

Step 3
組織内のコミュニケーションを考えよう

Try ▶	仕事に必要なコミュニケーションって何だろう？ …	40
Study ❶ ▶	コミュニケーションって何？ ……………………	41
Study ❷ ▶	仕事にはチームワークが大事 ……………………	43
Study ❸ ▶	コミュニケーションに必要な力 …………………	46
Study ❹ ▶	上司から指示を受けるときのポイント …………	48
Study ❺ ▶	ホウレンソウって何？ ……………………………	50
Study ❻ ▶	相手の状況を考えよう ……………………………	54
Study ❼ ▶	シーン別のホウレンソウを理解しよう …………	55
Try Again ▶	もう一度仕事に必要なコミュニケーションについて考えよう ………………………………	58

Try

仕事に必要な
コミュニケーションって何だろう?

佐藤さんと秋本さんは、社会人になって人間関係ががらりと変わり、戸惑いを隠せない様子です。職場の人たちと、どのようにコミュニケーションを取るべきかについて悩んでいます。

> 二人は、コミュニケーションの重要性に気付いていないようですね。職場は仕事をする場所であり、本来なら無理に話題を探す必要などないはずです。仕事に必要なコミュニケーションについて、二人の考え方の間違いを探してみましょう。

佐藤さん：年の離れた人と会話するって意外に難しいんだよね。何を話したらいいんだろう。上司と同じ趣味を持たないとだめかな。

秋本さん：自慢じゃないけど、私なんて、一日中黙っていることもあるわ。間違ったことを言ってボロが出るぐらいなら、しゃべらない方がまだマシ。相手が嫌いなタイプだと、あいさつもしたくないわ。

佐藤さん：みんな忙しそうだし、仕事を中断させるのも悪い気がしてさ。ついつい、すぐそこにいる人にもメールで用件を伝えちゃうよ。そう考えるとメールって便利。話しかけるタイミングが見つからないときとか、自分に都合が悪いことを報告するときとか、こっそり送っておけるしね。

秋本さん：同感。今の時代、メールを使いこなせれば、ほとんどの仕事ができちゃうんじゃない？思わず口がすべった！なんてこともなくて、人間関係もスムーズに行きそう。

Study ❶
コミュニケーションって何?

仕事を通じて社会との関わりを持つ社会人にとって、コミュニケーションは欠かせないものです。まずはコミュニケーションとは何かについて理解しましょう。

❶ コミュニケーションを取るということ

「コミュニケーション」とは、自分と他者との間で行われるもので、人と人がお互いに意思や感情、情報、知識、経験などを伝え合い、それらを共有することで理解し合うことです。家庭では親や兄弟、学校では友人や先輩、先生、職場では上司や先輩、同僚、取引先の担当者、顧客などがコミュニケーションの相手となります。

❷ コミュニケーションの目的

どんなに内向的な人でも、コミュニケーションを取らずに生きていくことはできません。では、人は何のためにコミュニケーションを取るのでしょうか。お互いに何かを伝え合い、理解し合うことによって、どんなことが可能になるのでしょうか。

コミュニケーションには、主に次の3つの目的があります。

●人間関係を築く

初めて会う人と親しくなったり、自分のことを知ってもらったり、逆に相手のことを理解したりするために、コミュニケーションを取ります。具体的には、「あいさつ」や「会話」といった行動パターンがあります。

●情報を交換・共有する

お互いが知っていることを伝え合い、自分の知らないことを吸収するために、コミュニケーションを取ります。具体的には、「報告」「連絡」「相談」「説明」といった行動パターンがあります。

●相手に働きかける

相手に行動を促したり、協力してもらったりするために、コミュニケーションを取ります。具体的には、「説得」「依頼」「命令」「指示」といった行動パターンがあります。

❸ コミュニケーションの手段

コミュニケーションの手段には、「話す」「聞く」「書く」「読む」といった言語を使う「バーバル表現」と、言語ではなく「視線」「表情」「ジェスチャー」といった非言語による「ノンバーバル表現」があります。

言葉が通じない外国ではコミュニケーションに苦労するように、言葉を使わずにコミュニケーションを取ることはとても難しいことです。相手の伝えたいことを想像するしかなく、正確に受け取ったつもりでいても、実際は違っていることもあります。

社会におけるコミュニケーションのほとんどが言葉を使って行われていることからも、言葉がコミュニケーションの重要な要素であることがわかるでしょう。

❹ コミュニケーションの形態

コミュニケーションの形態には、大きく分けて「1対1のコミュニケーション」と「組織内のコミュニケーション」の2つがあります。

● 1対1のコミュニケーション

「1対1」とは、自分と一人の相手を指します。家庭では、自分と親、自分と弟、学校では、自分と友人、自分と先生、会社では自分と同僚、自分と上司といったように、1対1のコミュニケーションは無数に存在します。1対1のコミュニケーションを通じて、人と人はお互いをより深く理解し合い、親密な関係や信頼できる関係が育まれるといえます。

● 組織内のコミュニケーション

ここでいう「組織」とは、学校や企業のように、さまざまな人が指示系統に従ってまとまった活動をしている集団のことを指します。組織の中でコミュニケーションを上手に取ることができれば、複数の人と良好な人間関係を築くことができ、学生生活や社会人生活は格段に過ごしやすいものになります。

逆に、コミュニケーションを上手に取ることができない場合は、なかなか組織にとけこむことができず、集団から孤立してしまうことになりかねません。組織の一員として活動し、ある一定の成果を上げていくためには、コミュニケーションによって一致団結する必要があります。

Study ❷

仕事には
チームワークが大事

企業に就職すると、学生時代とは人間関係だけでなく、コミュニケーションのあり方も大きく変化します。仕事をする上でコミュニケーションが果たす役割について考えてみましょう。

❶ 学生時代と異なる人間関係

　職場には、年齢、立場、役割などが異なるさまざまな人たちが働いています。学生時代のように、気の合う友人とばかり付き合うわけにはいきません。「あの人とは話が合わない」とか「あの人は苦手なタイプ」といったように、個人的な感情を仕事に持ち込むことは許されないのです。

　特に新入社員の場合は、周りが目上の人ばかりで気後れしてしまうこともあるでしょう。また、「上司と何を話せばよいのかわからない」という声もよく聞かれます。しかし、難しく考える必要はありません。職場は仕事をするための場所です。仕事に主体性を持って取り組んでいれば、わからないことや相談したいことがたくさん出てきます。無理に世間話をする必要などなく、仕事をする中で、自然にコミュニケーションの機会が生まれてくるはずです。

❷ チームワークに不可欠なコミュニケーション

　企業には、営業部や総務部といった部門、各部門を構成する課やグループ、複数部門から適切な人材を集めて作るプロジェクトチームなど、さまざまな組織が存在します。これらは、共通の目標を達成するために、組織を構成する一人一人が持てる力を発揮し、その相乗効果によって成果を導き出しています。一人一人が個別に仕事をしているように見えても、実は連携しながら活動しているのです。そこで重要になるのが「**チームワーク**」です。

　チームワークとは、ひとつのチームを構成する複数のメンバーが、目標の達成に向けて協力し合いながら働くことです。一人一人の力を合わせることで、個人では成し得ない大きな仕事にもチャレンジできるようになります。このチームワークに欠かせないのが、メンバー間のコミュニケーションです。

コミュニケーションが不足している状態では、次のような問題が発生する可能性があります。このような問題が発生していると、チームワークを発揮することが難しくなります。

- 目的や目標、ルールを共有できず、個人および組織としてのモチベーションが上がらない
- 報告や連絡、相談がなく、個人の仕事の状況が見えない
- 報告や連絡、相談のタイミングが遅れ、仕事のミスやもれなどの発見が遅れる
- 個人の仕事の負荷や、仕事の進め方にばらつきが生じ、結果として仕事の効率や質が低下する
- 他人の仕事に無関心になり、チームとして機能しなくなる
- 組織全体での目標の達成状況や最終的な成果を把握できない

❸ 良好なチームワークを実現する

　チームワークが良好な状態にあることと、メンバー同士が仲良しであることは、切り離して考えなければなりません。もちろん、メンバー同士は仲が良いに越したことはありませんが、「**こんな意見を言ったら、気を悪くするかもしれない**」とか「**大好きな先輩の意見だから賛成しておこう**」といったように、仲良しは慣れ合いの関係を招く危険性があることを認識しておく必要があります。重要なのは、お互いの考え方を尊重し合える関係を築くことです。そして、このような関係づくりに貢献するのがコミュニケーションなのです。

　良好なチームワークを実現するために、次のようなコミュニケーション環境を作るようにしましょう。

- 目的や目標が共有されている
- 明確なルールのもとで、円滑な情報伝達が行える
- 自分の意見を主張できる
- メンバーの仕事の進捗状況を把握できる
- 多様な意見を調整・集約して最適な決定を導き出すことができる

ここがポイント！

違いを受け入れることで広がる可能性

自分と性格が合わなかったり、自分が正しいと思っている考え方や価値観を否定されたりすると、つい「この人は苦手だな」と感じてしまうものです。人は、育った時代や環境などの影響を受けて、性格や考え方、価値観が形成されます。つまり、考え方や価値観などは違って当たり前なのです。多種多様な考え方や価値観が存在するからこそ、さまざまな発想やアイデアが生まれるのであり、お互いの個性を尊重し、違いを理解することで、新しい可能性が広がります。

私の体験談

リラックスして会話を楽しんでみる

新入社員の頃は、上司や先輩に話しかけられても、緊張のあまり「はい」「いいえ」でしか答えられなかったりしますよね。わからないことがあっても、相手が忙しそうだと聞くに聞けず、そのままになってしまい、それが仕事上のミスにつながることも多かった気がします。

いま振り返ってみて思うのは、自分から積極的に話しかけ、相手を知ると同時に、自分を知ってもらう努力も必要だということです。お昼休みや顧客先への移動中など、仕事の支障にならない程度に雑談することも必要だったかなと思います。といっても、無理に雑談しようとする必要はありませんが、早く組織にとけこむためのきっかけにもなります。

また、より多くの人と挨拶やちょっとした会話を交わすことで、顔なじみになり、いろいろな情報をもらえるということもあります。これは自分自身にとっても自分の仕事にとってもプラスになりますよ。

Step 3 組織内のコミュニケーションを考えよう

Study ❸
コミュニケーションに必要な力

企業では、一般的にコミュニケーション能力の高い人材が求められます。そこで、コミュニケーション能力とは、具体的にどのような力を指すのかを考えてみましょう。

❶ コミュニケーション能力が高いということ

　人と話をするのが好きであることと、コミュニケーション能力が高いこととは必ずしも一致しません。話好きだからといって、自分の持っている情報を相手が理解しやすいように正確に伝えたり、相手の気持ちを汲み取ったりするのがうまいとは限らないからです。これと同じで、相手が好感を持つような話し方のできる人は、コミュニケーション上手ではあっても、必ずしもコミュニケーション能力が高いとはいいきれません。良好な人間関係を築く上で、相手の印象をよくすることはとても大事なことですが、仕事で求められるコミュニケーション能力としては十分ではないのです。

　逆に、自分は人と話をするのが苦手だから、コミュニケーションは下手であると決めつけている人もいるでしょう。実はこれも誤解です。話し下手であっても、相手に配慮した思いやりのある会話をし、必要なときに自分の意見をはっきりと主張できる人なら、むしろコミュニケーション能力は高いといえるでしょう。

❷ コミュニケーションにおける総合力

　頻繁に開かれる会議やミーティングに代表されるように、ビジネスシーンでは、複数の異なる意見を調整・集約して、ひとつの方向性を見出していくことが求められます。したがって、人とのコミュニケーションにおいて、次のような力を総合的に兼ね備えた人が必要とされます。自分に足りない力を把握し、コミュニケーション能力の向上を目指しましょう。

分類	求められる力	具体的な行動
意思疎通	傾聴する姿勢	・相手の言動に耳を傾ける ・相手の主張を正確に聞き取る ・相手の立場に立って真意を聞き取る ・的確な質問をし、さらに話を引き出す
	双方向の円滑なコミュニケーション	・相手の意見を受け入れる ・自分と価値観の異なる意見、考え方を否定しない ・相手の考え方を理解した上で、相手との意見交換を円滑に行う
	意見の集約	・相手の意見を分類、整理した上で、要約する
	情報伝達	・タイミングを逃すことなく、相手にとって必要な情報を正確に伝える ・場面に応じて伝達手段(口頭、文書、電話、メールなど)を適切に使い分ける
	意見の主張	・発言の筋道が明確かつ論理的な主張をする ・場面に応じて適切かつ明瞭な表現方法で主張する
協調性	相手の尊重	・相手の社会的立場や自分との位置関係、その場の状況を把握し、両者の調整を行うなど適切に対応する ・グループや集団で作業をしたり行動したりする
	組織・人間関係との調和	・組織の現状を理解し、円滑な人間関係に努めながら組織にとけこむように努力する ・組織のルールに沿った行動をする ・苦手な他者に対して調和志向の付き合いをする
自己表現力	明確な説明	・筋道の通ったわかりやすい表現で自分を表現する ・伝えたいことについて、相手の理解の度合いを考慮しながら説明に工夫を加える ・レジュメなどを活用して相手に説得力のある説明をする ・与えられた時間内に主張をまとめて説明する
	図表などを用いた表現	・資料作成の準備をきちんと行う ・文章だけでなく図表などを活用して訴求力のある説明をする ・図表などの特長を踏まえて適切な使い方をする

ここがポイント!

アクティブリスニングで相手の真意を理解する

相手の話にしっかりと耳を傾けることを「傾聴」といいます。傾聴のための手法のひとつに、「アクティブリスニング」があります。アクティブリスニングでは、相手が発する言葉のひとつひとつに耳を傾けるだけでなく、相手をよく観察し、言葉の背後にある感情にも注意を払うことで、相手の真意をつかむようにします。その際、自分の感情の揺れに左右されることのないよう、自分の心と向き合うことも重要です。

Study ❹

上司から指示を受けるときのポイント

上司から受ける指示は、部下にとっての仕事です。上司から指示を受けるときのポイントを理解しましょう。

❶ 指示の内容を把握する

上司から指示を受けるときの基本動作は、次のとおりです。

1　返事をする
- 上司に呼ばれたら、明るく大きな声で返事をする

2　上司のもとへ行く
- 指示を記録できるよう筆記用具を持参する
- 上司を待たせることのないように速やかに移動する

3　指示の内容を聞く
- 上司の目を見て話を聞く
- 上司の話を聞き逃さないようにする
- 指示の内容を一度で正確に聞き取る（必要に応じてメモを取る）

4　指示の内容を把握する
- 疑問に思っていることや、わからないことを質問する
- 指示の内容について要点を頭の中で整理する

5　指示の内容を復唱する
- 指示の内容について要点を復唱する
- 聞き漏らしたり、聞き間違えたりしていないかどうかを確認する

6　あいさつをして席に戻る
- 最後に「承知しました。失礼します。」とあいさつをして席に戻る
- 忘れないうちに指示の内容を実行するか、必要に応じて予定表にスケジュールを書き込む

❷ メモを取ることの重要性

　上司から指示を受けたとき、そのときはすべて把握したつもりでも、時間が経過すると記憶があいまいになっていきます。メモは、正確な情報を維持するために重要な役割を果たします。
　メモを取るときのポイントは次のとおりです。

- あとから読んでも理解できるように要点を整理して書き出す
- 要点は「5W2H」(When、Where、Who、What、Why、How、How many／How much)で書き出す
- 特に固有名詞や数字は読みやすい文字で正確に書く
- 仕事の重要性や緊急度を把握する
- 仕事の目的を把握する

例）

> 上司：○○くん、2418と2419の注文伝票を見て請求書を2通作成してくれないか。四葉商事のものだよ。
> 部下：いつまでに用意したらよいでしょうか。
> 上司：16時までに頼むよ。今日中に承認しておいて、明日朝一番に持っていくから。
> 部下：はい。本日16時までに、四葉商事宛ての伝票番号2418と2419の請求書を作成するということで、よろしいでしょうか。
> 上司：その通りだよ。
> 部下：承知しました。

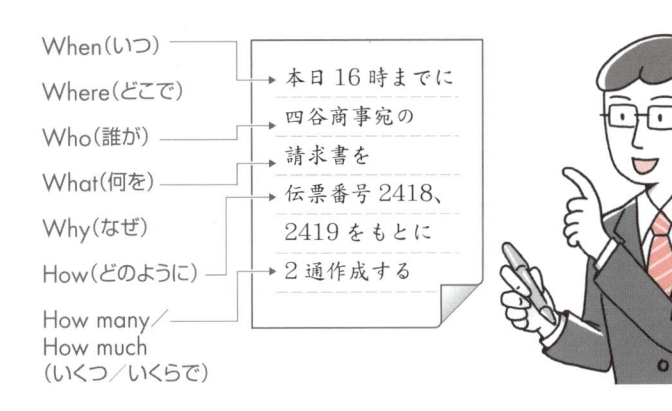

5W2H	メモ
When（いつ）	本日16時までに
Where（どこで）	
Who（誰が）	四谷商事宛の
What（何を）	請求書を
Why（なぜ）	伝票番号2418、2419をもとに
How（どのように）	2通作成する
How many／How much（いくつ／いくらで）	

Step 3 ▼▼▼ 組織内のコミュニケーションを考えよう

Study ❺

ホウレンソウって何?

企業内の情報伝達ルールには、上司から部下への指示に加え、一般にホウレンソウと呼ばれる部下から上司への情報伝達があります。まずはホウレンソウとは何かを理解しましょう。

❶ ボトムアップの情報伝達の基本

　上司から「指示」を受けたら、その時点で、指示を受けた者から上司への「報告」「連絡」「相談」の義務が発生します。この3つは仕事を円滑に進める上で不可欠なものであり、それぞれの一文字目をつなげて「ホウレンソウ」と呼びます。

● 報告

　上司からの指示に対して、仕事の進捗状況についての中間報告や、成果などについての終了報告を行います。上司に限らず、先輩と後輩の関係においても同じことです。上司への報告は、指示された仕事が終了したときだけではなく、トラブルが発生した場合や、指示された仕事に関連する会議や打ち合わせを行った場合などにも行います。

● 連絡

　自分が知り得た業務上の重要な情報や、業務に関連するさまざまな情報を、上司や同僚に伝達します。自分の考えや推測を情報に含めずに事実のみを正確に伝えると同時に、内容の重要度や緊急度に応じて速やかに連絡するようにします。中には「知らなかった」では済まされない重要な連絡もあります。連絡を受ける側も、自分への連絡がないかどうか、常にチェックする習慣を身に付けましょう。

● 相談

　自分では解決できないような問題に直面したり、仕事の進め方がわからなかったりする場合は、経験豊富な上司や先輩に助言や判断を求めます。自分の勝手な判断で解決しようとすると、かえって問題を発生させることになりかねません。問題を未然に防いだり、早い段階で解決したりするためには、できるだけ速やかに上司や先輩に相談することが重要です。

❷ ホウレンソウの原則

　報告、連絡、相談は「口頭」もしくは「文書」で行いますが、伝えるべき内容があいまいな状態では、説明自体が不正確なものになり、ホウレンソウの意味がありません。
　報告、連絡、相談をする際には、次のようなことを心がけましょう。

- できるだけ早く情報を伝達する
- 上司から催促される前に積極的に報告、連絡、相談をする
- 重要度や緊急度を考えて、最適な伝達手段を選ぶ
- 事実と自分の意見を混同せず、事実をありのままに正確に伝える
- 内容を整理して相手にわかりやすく説明する
- 必要に応じて参考になりそうな資料などを準備する
- 結論を先に伝え、そのあとで詳細を説明する

❸ 報告の方法

　指示された仕事が完了したら、速やかに報告を行います。報告すべき相手は指示を出した人です。仕事が完了していなくても、予期せぬ事故や問題が発生した場合は、いち早く報告して指示をあおぎ、事態が悪化することを防ぎます。長期間にわたるような仕事の場合は、たとえ順調に進んでいても、途中経過を定期的に報告するようにします。
　また、出張や会議などで不在にすることの多い上司であっても、報告をあと回しにせず、メールやメモを活用してこまめに報告を行う必要があります。特にトラブルなどの緊急事態が発生した場合には、事態がさらに悪化しないように速やかに報告を行います。報告しにくい内容であるほど、先延ばしにしてはいけません。時間の経過とともに問題が大きくなり、解決が困難になる可能性があります。

例）

> 「伊藤部長、新パッケージの件でご報告があるのですが、少しお時間よろしいでしょうか。」
>
> 「今日の制作会議でデザインが決定しました。ですが、意見調整が難航したため、当初の予定より2日ほどスケジュールが遅れています。今後の作業を急ピッチで進めれば納期を厳守できそうです。」

報告を口頭で行うべきか文書で行うべきかについては、ケースバイケースで判断します。口頭での報告と文書での報告の両方を必要とするケースもあります。

● 口頭での報告

緊急度が高く、すぐに適切な指示をあおいだ方がよいと判断される場合は、口頭で報告を行います。ただし、口頭だけでの報告は文書を見ながら話を進めることができないため、きちんと内容を整理して報告しないと相手が混乱してしまう可能性もあります。報告すべきことについて、あらかじめ頭の中で整理し、必要に応じてメモなどを用意してから話をするようにしましょう。

口頭での報告が必要なケースには、次のようなものがあります。

- 組織内のコミュニケーションがうまくいっていない
- 部品の手配が間に合わず、納期に遅れが出そうである
- 得意先からクレームを受けた
- 操作ミスをして他部署に迷惑をかけた

● 文書での報告

文書での報告は、記録に残すことができるため、関係者間で情報を共有したり、参考文書として閲覧したりすることが可能になります。また、集計結果や図表などを交えた詳細な報告が行えるのもメリットです。

文書での報告が必要なケースには、次のようなものがあります。

- 定期的な報告
  日報、月報、営業活動報告書、監査報告書など
- 必要に応じて発生する報告
  出張報告書、調査報告書、イベント実施報告書など
- 問題に関する報告
  事故報告書、クレーム処理報告書など

❹ 連絡の方法

　連絡は、伝えるべき相手が複数であることが多いのが特徴です。部会や朝礼、定例会議などを利用して「口頭」で伝えられたり、社内文書や社内報、社内回覧などを利用して「文書」で伝えられたりします。また、「メール」を使った連絡というのもあります。

　いずれの場合も、不在者への伝達を徹底するなど、関係者全員に情報がもれなく正確に行きわたるように配慮しなければなりません。伝えるべき内容が必要な相手に確実に伝わったことを確認できた時点で、はじめて連絡の完了になります。

　口頭でも情報を正確に伝えることができれば問題はありませんが、その場合は、伝えるべき内容や対象者にもれがないように細心の注意を払う必要があります。また、人から人へと伝達されていくうちに、少しずつ情報がゆがんでいく可能性もあります。内容が複雑だったり、伝達事項が多かったりする場合は、文書やメールなどを利用して連絡するようにしましょう。

❺ 相談の方法

　仕事を進める上で、自分勝手な判断は禁物です。少しでも迷ったり、悩んだりした場合には、経験のある上司や先輩などに相談するようにします。早めに相談することで、問題を未然に防いだり、早い段階で解決したりすることができます。相談する際は、あらかじめ問題点を整理し、要点を簡潔に伝えるようにします。自分で考えもせず、すべての判断を他人任せにするのはよくありません。「〜と思うのですが、いかがでしょうか」など、自分の意見を述べることも大切です。また相談に乗ってもらった相手には感謝の意を表し、必ず結果を報告するようにしましょう。

ここがポイント！

5W2Hの伝えるべき要点を絞り込む

口頭での報告や連絡、相談は、忙しい相手に時間を割いてもらうことになるため、5W2Hを意識して要点を絞り込み、短時間で済ませるようにします。相手が理解しやすいように、あらかじめ話の流れを考えておくことも大切です。

Study ❻
相手の状況を考えよう

報告、連絡、相談の相手はさまざまです。相手にとって必要な情報を短時間で正確に伝えるためには、相手に対するどのような配慮が必要かを考えてみましょう。

❶ TPOをわきまえる

人とのコミュニケーションにおいては、常に相手への配慮が不可欠ですが、特にスピードを要求されるような報告、連絡、相談では、相手の置かれている状況を考える必要があります。たとえば、接客中の上司に話を中断させてまで相談を持ちかけたり、これから外出しようと慌ただしく準備している先輩に、あとでもよい報告をしたりすることは避けるべきです。

報告、連絡、相談を行う際は、伝えるべき内容の重要度や緊急度に加えて、「TPO」をわきまえることが大切です。

具体的に配慮すべきポイントは、次のとおりです。

TPO	配慮すべきポイント
Time（時）	・今話しかけても迷惑でないかどうか ・相手にどの程度の時間を確保してもらう必要があるか
Place（場所）	・同席者がいるかどうか ・他人に聞かれても問題ないかどうか ・資料を使いながら説明する必要があるか
Occasion（場合）	・相手とどのような関係にあるか ・相手が精神的に落ち着いて話を聞ける態勢にあるか

❷ 相手の前提知識を考慮する

自分の伝えようとしていることが、相手になかなか理解してもらえないときは、相手に理解力がないと考えるのではなく、まず自分の伝え方に問題がないかどうかを振り返ってみましょう。相手が持っている知識や技術、経験もさまざまです。相手が前提知識を持ち合わせている場合は、すべてを事細かに説明する必要はありません。反対に、相手がよく把握していない内容について説明する場合には、できるだけ短時間で理解してもらえるように準備しておくことが大切です。このように、相手に合わせて伝え方を考えることも、ホウレンソウの重要なポイントです。

Study ❼

シーン別のホウレンソウを理解しよう

ホウレンソウが必要な状況には、さまざまなケースが考えられます。シーン別に、どのような方法で報告、連絡、相談をするべきかを考えてみましょう。

❶ シーン別の報告の仕方

さまざまな状況に応じて、最も適切な方法で報告を行います。

●計画どおりに仕事が進まないとき

人手不足、ミスの多発、コミュニケーションの欠如など、仕事が遅れる原因にはいろいろあります。まずは、なぜ計画どおりに進まないのかを自分なりに分析し、解決策を考えた上で、上司や先輩に現状を正確に報告し、指示をあおぎます。

●指示された方法では限界があるとき

上司や先輩に指示された方法で実行してみても、仕事が効率よく進まなかったり、事態が改善されなかったりすることもあります。その場合には、自分で勝手に判断してやり方を変えるのではなく、必ず事実を報告します。報告する前に、指示された方法のどこに問題点があるのか、違う方法があるとしたらどのような方法があるかを自分なりに考え、上司や先輩への報告の際に提案するようにしましょう。

●緊急事態が発生したとき

今すぐできることがあれば実行し、最悪の事態を回避することを優先します。ただし、何をすればよいのか迷うような場合には、しかるべき相手に一刻も早く報告、相談しなければなりません。報告や相談の相手には、事態を速やかに解決へと導くことのできる経験者を選びます。また、緊急事態が発生してから慌てることのないよう、報告すべき相手や手段などは、事前に決めておくようにしましょう。

● 複数の指示が重なったとき

　ひとつの仕事に対して、複数の指示が重なったり、部署の異なる複数の人からの指示が重なったりすることがあります。もちろん、仕事の重要度や緊急度から優先順位を判断し、指示された期日までに完了できるようなら問題ありません。

　しかし、どれも重要で緊急度の高い仕事である場合は迷ってしまうでしょう。このような場合には、仕事に取りかかる前に優先すべき仕事と順序を決め、指示を出した人それぞれに確認し、了解を得るようにします。また、現在進めている仕事を一時的に中断せざるを得ない場合も、必要に応じて仕事の指示を出した人にその旨を報告しておきます。

❷ シーン別の連絡の仕方

さまざまな状況に応じて、最も適切な方法で連絡を行います。

● 外出や休暇などで不在にするとき

　自分が外出や出張、休暇などで不在にする場合は、職場の関係者に不在にすることを伝えるとともに、外出の目的や場所、不在中の連絡先などを明らかにしておきます。また、不在中に仕事が中断して社内や顧客、取引先に迷惑がかかることのないよう、必要に応じて適切な相手に職務を引き継ぎます。さらに、外出先や出張先などから社内に連絡を入れ、自分への伝達事項がないかどうかを確認することも大切です。

● 新しい情報を入手したとき

　たとえ自分の担当外であっても、取引先の人事異動や新商品情報など、自社の仕事に関連する有益な情報を入手した場合は、メールや社内掲示板、社内回覧などを使って、関係者全員に速やかに伝達するようにします。

● 外出中の相手に緊急の連絡があるとき

　外出や出張で不在にしている人に対して、顧客や取引先などから緊急の連絡が入ることもあります。このような場合には、外出先が社内なのか顧客先なのか、あるいは取引先なのか、外出の目的は何なのかを確認し、相手の状況を考慮した上で、内線電話や携帯電話、携帯メール、ファクシミリなどの適切な方法を選んで連絡します。さらに、連絡した内容が確実に伝わったことを確認できるまで、継続的に連絡を取るようにします。

❸ シーン別の相談の仕方

さまざまな状況に応じて、最も適切な方法で相談を行います。

●仕事の進め方がわからないとき

　経験が浅いと、上司から指示された仕事をどのように進めていけばよいのか、見当もつかないことがあるでしょう。また、自分なりに答えを見つけたとしても、果たしてそれが本当に効率のよい方法なのか、正しい方法なのか、不安になることもあります。このような場合は、自分なりに考えた方法について、上司に確認するとともに、意見やアドバイスをもらうようにします。最初から「わからない」と決め付けるのではなく、まずは自分の頭で考えてみることが大切です。

●顧客とのトラブルが発生しそうなとき

　顧客とのコミュニケーションにおいては、信頼関係が鍵になります。小さなことでも顧客の印象を悪くすると、信頼関係に傷を付けることになりかねません。自分の知識や技術に自信がない場合や、納期が遅れそうな場合には、トラブルを引き起こす前に早い段階で上司に相談しましょう。顧客への説明が必要なときは、顧客先に同行してもらうのもひとつの方法です。ただし、すべてを上司に任せるのではなく、自分に足りない部分を上司に補ってもらうようにします。

●職場の人間関係で悩んだとき

　職場の人間関係の悩みは、相手がある問題であるため、一人で解決することは困難です。しかし、相談するには勇気が要ることも事実でしょう。だからといって我慢しているうちに、仕事に対するやる気を失い、すべてに消極的になり、結果として仕事がうまく進まなくなるなど、ますます悪循環に陥ることも考えられます。

　継続的に職場環境を改善し、一人一人のモチベーションを高めることも、上司の重要な仕事のひとつです。早めに上司に相談し、SOSを発するようにしましょう。相談する際は、好き嫌いの個人的な感情や、個人に対する愚痴や悪口をぶつけるのではなく、組織内で起きている事実を正確に伝えるようにします。また、自分に原因がないかどうかを客観的に見つめてみることも大切です。

Try Again

もう一度仕事に必要な
コミュニケーションについて考えよう

学習した内容を踏まえて、ステップの冒頭の二人の会話をもう一度振り返ってみましょう。

佐藤さんが積極的に人間関係を構築しようと努力している点は評価できますが、コミュニケーションの取り方を勘違いしているようですね。一方の秋本さんは、コミュニケーションを避けている点が大きな問題です。

二人が見直すべきポイントは、次のとおりです。

佐藤さん：年の離れた人と会話するって意外に難しいんだよね。何を話したらいいんだろう。上司と同じ趣味を持たないとだめかな。❶

秋本さん：自慢じゃないけど、私なんて、一日中黙っていることもあるわ。間違ったことを言ってボロが出るぐらいなら、しゃべらない方がまだマシ。❷ 相手が嫌いなタイプだと、あいさつもしたくないわ。❸

佐藤さん：みんな忙しそうだし、仕事を中断させるのも悪い気がしてさ。ついつい、すぐそこにいる人にもメールで用件を伝えちゃうよ。そう考えるとメールって便利。話しかけるタイミングが見つからないときとか、自分に都合が悪いことを報告するときとか、こっそり送っておけるしね。❹

秋本さん：同感。今の時代、メールを使いこなせれば、ほとんどの仕事ができちゃうんじゃない？ 思わず口がすべった！ なんてこともなくて、人間関係もスムーズに行きそう。❺

❶話題づくりが必要だという考え

　職場でのコミュニケーションは、同僚や先輩、上司と仲良しになるためのものではありません。職場は仕事をするための場所であり、そこでのコミュニケーションは、仕事をより円滑に進めるために必要なものなのです。仕事に主体性を持って取り組んでいれば、わからないことや相談したいことがたくさん出てくるでしょう。無理に世間話をする必要はなく、仕事をする中で、自然にコミュニケーションの機会が生まれてくるはずです。

❷コミュニケーションを避けている点

　組織として活動し、ある一定の成果を上げていくためには、コミュニケーションによって一致団結する必要があります。一人一人の力を合わせることで、個人では成し得ない大きな仕事にもチャレンジできるようになります。コミュニケーションなしでは、仕事を効率的かつ効果的に進めることも、仕事で成果を上げることもできません。

❸好き嫌いで人を判断している点

　会社では、学生時代のように、気の合う友人とばかり付き合うわけにはいきません。「あの人とは話が合わない」とか「あの人は苦手なタイプ」といったように、個人的な感情を仕事に持ち込むことは許されないと考えましょう。

❹安易にメールを利用しようとしている点

　報告、連絡、相談には適切なタイミングがあります。メールでは、相手がすぐに確認するとは限りません。緊急度の高い内容であれば取り返しがつかない事態に発展することもあるため、伝えたい内容に応じてタイミングを見極め、最適な方法でコミュニケーションを取るようにしましょう。また、自分にとって都合の悪い報告こそ、速やかに行うべきです。

❺メールがあれば仕事ができるという考え

　メールは送り手と受け手の理解にズレが生じる危険性があります。内容を相手が正確に理解できたかどうかを確認することが難しいだけでなく、いつ確認してもらえるかわかりません。したがって、安易に情報伝達の手段をメールに頼ってしまうと、勘違いによるミスや、仕事の遅延を発生させる原因となります。メールの特徴を理解し、適切に利用できるようになることが大切です。

会社に入ると、学生時代のように、コミュニケーションの相手を好き嫌いで選ぶことはできません。いち早く組織にとけこみ、仕事で成果を出すためには、年齢も立場も異なる人たちと円滑な人間関係を築く必要があります。そのためにも、コミュニケーションに必要な力を身に付け、適切なタイミングで情報を正確に伝達したり、理解したりすることが重要になります。

まとめ

このステップでは、次のような内容を学習しました。
理解できたかどうか、☑印を付けてチェックしてみましょう。

- ☑ コミュニケーションとは何かを説明できる
- ☑ 仕事におけるチームワークの重要性を理解した
- ☑ コミュニケーションに必要な力を理解した
- ☑ 上司からの指示を受けるときのポイントを理解した
- ☑ ホウレンソウとは何かを説明できる
- ☑ 相手の状況に応じて報告、連絡、相談を行うことができる

Step 4
1対1のコミュニケーションを考えよう

- Try ▶ 1対1のコミュニケーションで気を付けることって何？ ……… 62
- Study ❶ ▶ 相手を尊重しよう ……… 64
- Study ❷ ▶ 相手の話を聞くときのポイント ……… 66
- Study ❸ ▶ 効果的な話し方を身に付けよう ……… 72
- Study ❹ ▶ コミュニケーション能力をチェックしてみよう … 78
- Try Again ▶ もう一度1対1のコミュニケーションについて考えよう ……… 80

Try

1対1のコミュニケーションで気を付けることって何？

仕事に必要なコミュニケーションについて考え、改めてその難しさを痛感した佐藤さんと秋本さん。もっと主体性を持って仕事に取り組もうと決意した二人ですが、コミュニケーションというものは、まだまだ奥が深そうです。

> 組織内では、チームワークを発揮するために必要なコミュニケーションだけでなく、1対1のコミュニケーションの機会もたくさんあります。二人の考え方の間違いを探してみましょう。

佐藤さん：仕事を円滑に進めていくためには、コミュニケーションにも適切なタイミングや手段の見極めが必要なんだね。学生時代は失敗しても自分が困るだけだったけど、仕事じゃそうはいかないから、ぼーっとはしていられないな。でも、タイミングや手段に配慮したところで、相手に理解力がなかったり、最初から聞く気がなかったりしたら、さすがに自分の力じゃどうしようもないよねぇ？

秋本さん：そりゃぁ無理よ。あと、「時間がないから手短に！」なんて、偉そうにする人もいるわね。いつも忙しそうな人や、妙にいらいらして、いかにも短気って雰囲気が漂っている人なんかもそう。それじゃ複雑な話なんかできっこないじゃない？話す気力が失せるし、その威圧感にへこむのよねぇ。一度や二度、報告書の提出が遅れたくらいで怒んないでほしいよね。少なくとも新人には、優しくしてくれるのが当り前じゃない？

佐藤さん：逆にこっちが話を聞く場合も難しいよね。この間は課長の話を聞きながら必死にメモを取っていたら、「ちゃんと人の話を聞いているのか？」って言われたよ。いったいどうすればいいのかわからなくて困っちゃった。

秋本さん：下ばっかり向いていたから、ウトウトしていると思われたんじゃない？私なんか、一生懸命あいづちを打っていたのに、「まじめに聞いているのか？」って言われてショックだったことがあるわよ。話が長い上にどんどん脱線していって、内心うんざりしながら聞いてあげていたのにさ。とにかく、話をするのも話を聞くのも、それだけ難しいってことかしらね。社会人って、本当に大変だわ。

Study ❶

相手を尊重しよう

1対1のコミュニケーション、つまり二人の会話においては、話し手と聞き手の双方が主役です。相手を受けとめる姿勢を持つことの大切さについて考えてみましょう。

❶ 双方向コミュニケーション

1対1のコミュニケーションに必要なのは、「双方向コミュニケーション」です。双方向コミュニケーションとは、自分の考えを正しく相手に理解してもらうと同時に、相手の考えを正しく自分が理解することです。

円滑な人間関係を築くためには、自分本位の会話にならないように、「**自分の考えを伝えること(自己主張)**」と「**相手の考えを聞くこと(他者傾聴)**」のバランスを考えながら、会話のキャッチボールをしなければなりません。自分の考えを相手に押し付けたり、相手の考えを一方的に否定したりするのではなく、お互いの意見を尊重するところからスタートし、冷静かつ建設的に話を進めていくことが大切です。

相手を尊重するということは、次のようなことです。

- 相手の立場や役割、相手との位置関係を把握する
- 相手が置かれている状況を確認する
- 相手の話に耳を傾け、受けとめる
- 相手の気持ちを考えながら行動する

❷ 先入観や偏見を取り除く

相手を理解しようとするときに、大きな妨げとなるのが「**先入観**」と「**偏見**」です。人は、初めて会う相手の外見や発言から、「たぶんこんな人だろう」というイメージを持ちます。これを「**第一印象**」と呼びます。第一印象は確かにとても重要なものですが、それだけで、その人のことを正しく評価したり、理解したりすることはできません。

また、「こんな人に決まっている」とその人の性格や価値観までを決め付けてしまうと、その勝手なイメージに引きずられてしまい、相手の話をまっすぐな心で受けとめることができなくなってしまいます。円滑な人間関係を実現するためには、まず、このような先入観や偏見を取り除く必要があります。

先入観や偏見を取り除くためには、相手の本当の姿を見つめ、長所や短所を冷静に判断します。特に、相手の長所を探すということは先入観や偏見を取り除くために重要です。

　長所や短所を探す場合、短所を探すことは比較的簡単です。しかし、長所となると出てこないことも多くあります。その場合は、相手の短所を長所としてとらえるということが必要になります。

　たとえば、どうしても付き合っていかなければならない顧客の「飽きっぽい」という短所を、「好奇心旺盛で、新しい物事にすぐに興味を持ってくれる」ととらえるとどうでしょう。この顧客に対して、話題になりそうな商品をいち早く紹介しようと思えるに違いありません。中には、「飽きられないようにいろいろなアプローチを考えよう」というように、その人の短所を自分の頑張りでカバーしようと思う人もいるかもしれません。

　このように、相手の長所や短所を判断し、それを踏まえた上で相手とコミュニケーションを取る手段を考えるということが重要です。

ここがポイント！

苦手意識を克服する

これまでの人生経験の中で、こういうタイプの人は苦手だなという意識を持っていませんか。多くの経験をしていく上で「苦手意識」が芽生えるのはごく自然なことです。ただ、その苦手意識をそのままにしておくと、苦手な人は避けて通ろうという意識が強くなります。学生時代はそれでよくても、社会人になれば苦手なタイプの人ともうまく付き合っていく必要があります。「このタイプの人は苦手だから」と拒絶するのではなく、「なぜ、このタイプの人が苦手なのか」「うまく付き合っていくにはどうしたらよいのか」といったように、自分の意識を変えて、苦手意識を克服する努力をしましょう。

Study ❷

相手の話を聞くときのポイント

コミュニケーションにおいては、話すことと同様に、聞くことにも重要な意味があります。双方向コミュニケーションを実現するために、まずは相手の話を聞くときのポイントを理解しましょう。

❶ 聞くことの重要性

　相手の話を聞くだけなら簡単、と考えている人もいるでしょう。しかし、相手が伝えたいことを完全に理解しながら聞くことや、相手が話しやすい状況を作りながら聞くことは、意外に難しいものです。相手のちょっとした言葉に引きずられて他のことを考えたり、途中で携帯電話が鳴って会話が中断されたりすると、話の内容を聞きもらしたり、十分に理解できなかったりします。つまり、相手の話をどのような姿勢や態度、気持ちで聞くかによって、話のとらえ方や理解度にも大きな差が生じてしまうのです。

　まず、相手の話を聞くことによって、どのような効果があるのかを確認しておきましょう。

●話し手に安心感や満足感を与える

　相手を理解しようとじっくり耳を傾けることによって、相手に安心感や満足感を与え、話を聞いてもらいたいから話す、自分を理解してもらいたいから話すといった話し手の気持ちに応えることができます。

●相互理解を深める

　話の内容や話し方などを通じて、相手がどんな人なのかを理解することができます。まじめに聞いてくれる聞き手に対して、話し手は好意や興味を持つものです。お互いに親近感を抱くことで、自然と相互理解が深まり、円滑な人間関係を築くことができるようになります。

●相手の知識や経験などを吸収する

　自分が知らない新しい情報を相手から入手して、視野を広げることができます。また、自分が体験したことがないような経験について話を聞き、相手から知識やノウハウなどを吸収することで、違った視点から物事を考えることができるようになります。

❷ 相手がどんな人かを考えながら聞く

　相手を理解するためには、相手に興味を持つことが重要です。相手がどんな人なのかを考えながら話を聞きましょう。そのためには、相手をよく観察し、相手の立場や年齢、性格などを考慮しながら話を聞くようにします。

❸ 内容を正確にとらえながら聞く

　相手が伝えたいことをあらかじめ整理できているとは限りません。思い付いたことから順に話したり、途中で話が脱線してしまったりすることもあります。相手の考えを正確に理解するためには、相手が伝えようとしている内容が何であるのか、自分の頭で考えながら話を聞くようにします。

　次のようなことを意識して、話を聞くとよいでしょう。

- 伝えたいことが何であるかを考えながら集中して聞く
- 事実と主観を切り分けながら聞く
- 文章の主語を把握しながら聞く

❹ 話に反応しながら聞く

　話をしている人は、話を聞いている人の反応が気になるものです。ただ黙って無表情に聞いているだけでは、「この人は本当に私の話を聞いてくれているのだろうか」と不安になるでしょう。また、何の反応もしてくれない人に対しては、話したいという気持ちが失せてしまいます。

　自分が相手の話をしっかり聞いていることを伝えるためには、あいづちを打ったり、うなずいたりして、何らかの反応を示す必要があります。コミュニケーションにおいては、相手に対する気づかいも重要なのです。これにより、相手が話しやすい状況を作り出すことができます。

　話を聞くときの適切な反応には、次のようなものがあります。これらの反応を織り交ぜながら、話を聞くようにしましょう。

● あいづちを打つ

　相手の話に黙ってうなずくだけでなく、「ええ」「はい」「そうですね」といったあいづちを打ちます。また、「本当ですか」「面白そうですね」「すばらしいですね」「それでどうなったのですか」といったように、話の内容に共感を示し、次の展開を促す言葉をはさむのも効果的です。

あいづちにはさまざまな言葉があるので、相手との関係や、話の内容などに合わせて適切に使い分けましょう。たとえば、相手が年上である場合には、「うん」「そうなんだ」「あるある」といったあいづちはふさわしくありません。また、同じ言葉で単調なあいづちを繰り返していると、真剣に聞いてくれているのかと疑問を持たれてしまうことがあるので注意が必要です。

● **相手の言葉を繰り返す**

相手の言葉を繰り返すのも効果的です。話し手は聞き手が話に引き込まれていると感じ、テンポよく話を進めることができます。

● **うなずく・首をかしげる**

聞き手がうなずくと、共感や興味を持ってくれていると感じ、話し手は話を続けやすくなります。反対に首をかしげると、話の内容が理解しにくいことを察して、「話すスピードが速いですか」と問いかけてくれたり、「もう少しかみくだいて説明しましょう」と軌道修正してくれたりします。

● **表情でも反応する**

話し手は聞き手の表情も観察しています。楽しい話ではにこやかな表情、難しい話では悩ましい表情、悲しい話では心配そうな表情など、その場にふさわしい表情で話を聞くようにしましょう。相手の話に集中し、真剣に耳を傾けていれば、特に意識しなくても自然と表情に表れるはずです。

❺ 相手を否定しない

　聞き手に自分の考えや価値観が否定されると、話し手は会話を続けることをためらってしまいます。「**自分が絶対に正しい**」と思っていると、異なる考えや価値観を持つ相手を素直に受け入れることができません。さまざまな考えや価値観を持つ人たちがいるのは当然であると考え、相手を受け入れる気持ちで話を聞くようにしましょう。

　具体的には、次のようなことを心がけます。

●まず相手の意見を受けとめる

　最初から自分の意見が正しいと思い込んでしまうと、相手の意見をすぐに否定したくなります。まずは相手の話にあいづちを打ち、いったん相手の意見を受けとめ、理解したうえで自分の意見を述べるようにします。

例）

> A：「AとBの組み合わせがいいと思います。」
> B：「いや、それはあり得ないですね。」

> A：「AとBの組み合わせがいいと思います。」
> B：「それもいいですね。でも、AとCの組み合わせも意外性があって面白いのではないかと思います。」

●褒められたら感謝する

　相手に褒められると、謙遜して否定的な言葉を述べてしまいがちです。しかし、せっかく褒めてもらったのですから、わざわざ否定する必要はありません。ありがたく受けとめ、素直に感謝の気持ちを伝えると、褒めた相手も気持ちがよいものです。

例）

> A：「新パッケージのデザインは、文句なしにすばらしいと思います。」
> B：「いえ、そんなことありませんよ。」

> A：「新パッケージのデザインは、文句なしにすばらしいと思います。」
> B：「ありがとうございます。Aさんのお墨付きをいただけるとは心強い限りです。あとは、営業の腕次第でしょうか。」

❻ 話をさえぎらない

　話し手と似たような体験をしたことがあると、つい「**そう、実は私も・・・**」などと自分の話をし始める人がいます。相手の話は、最後まで聞くことが大切です。途中で、話の腰を折ったり、自分の話をして相手の話をさえぎったりしてはいけません。話し手がどこまで話したのかわからなくなって混乱してしまったり、話したいという気持ちが失せてしまったりします。

　相手の話に同調しようという姿勢は評価できますが、話の途中で話し手と聞き手が逆転してしまうことのないよう、相手の話をすべて聞き終わってから、自分の話を始めるようにしましょう。その場合にも、あえて自分の話を持ち出すことに意味があるかどうかを考えることも重要です。

❼ わからないままにしない

　話を聞いていても十分に理解できない場合は、適切なタイミングで的確な質問をするようにしましょう。相手の話をさえぎらないように心がけることは大切ですが、最後まで理解できないまま相手の話を聞くことは、失礼にあたります。途中で疑問を解消できれば、その後の話をスムーズに理解できるようになるはずです。また、質問をきっかけに、会話がさらに広がることもあります。

　質問をする際には、次のようなことに気を付けましょう。

●タイミングを見計らう

　質問するタイミングはとても重要です。どんどん話が進んで行ってから質問すると、相手は話を巻き戻さなくてはならなくなります。また、「**今さら聞くのもなぁ・・・**」と思って質問せずにいると、質問のタイミングを失い、結局理解できないまま終わってしまいます。また、あとから「**どう思いますか**」と聞かれて、的外れな返答をすることにもなりかねません。こうなると、相手は「**ちゃんと話を聞いていたのかな**」と不信の念を抱いてしまいます。

　相手の話のリズムを狂わせないように、話の合間を見計らって質問しましょう。質問する際は「**今、質問してもよろしいですか**」と断ってから質問するようにします。「**こういう意味ですか**」と確認を兼ねたあいづちを返したり、「**いまの部分をもう一度お願いします**」と聞き取れなかったことをアピールしたりして、相手の注意を引いたあとに質問するのもひとつの方法です。

● 的確な質問をする

　的外れな質問は、相手の話を理解していないことを露呈するだけで、逆効果です。相手に不快な思いをさせる原因にもなります。逆に的確な質問をすると、相手は自分の話に興味を持って聞いてくれていると感じ、もっと話したいという気持ちになります。相手が伝えたいことは何なのかを常に考えながら集中して話を聞き、相手の真意をより深く引き出せるような的確な質問をしましょう。

ここがポイント！

脱線した話を上手に戻す方法

会話の中で話が脱線することはよくあることです。すぐに元の話に戻れればよいのですが、本題が何であったかわからなくなるほど、長々と話を続ける人もいるでしょう。そんなときは、話し手の満足度を維持するように配慮しながら、勇気を持って中断することも必要です。
具体的には、次のような方法があります。
- 興味深い話であることを認め、次の機会にじっくり聞きたいという気持ちを伝える
- 会議室の使用時間が限られていることを告げる
- このあとの予定が詰まっていることをさりげなく伝える
- 相手の伝えたいことをいったん整理する

Study ❸
効果的な話し方を身に付けよう

どんな話し方をするかで、相手の反応や理解度も変わってきます。双方向コミュニケーションを実現するために、効果的に話をするポイントを理解しましょう。

❶ 話し方を工夫することの重要性

　自分が話す内容がすべて相手に伝わり、相手に快く受け入れてもらったり、正しく理解してもらったりするためには、話し方を工夫する必要があります。話し方ひとつで、予想以上に仕事が順調に進むこともあれば、逆に仕事上の人間関係がうまくいかなくなったり、情報が正しく伝わらずに思わぬミスを招いたりすることもあります。

　また、気のおけない友人との会話でなら許されても、ビジネスシーンではふさわしくないような話し方もあります。立場や役割、年齢、相手との関係、TPOなどをわきまえて適切な話し方ができるように、普段から気を付けるようにしましょう。

私の体験談

TPOをわきまえた会話

私もそうですが、同期入社の仲間がいると、ついつい気が緩んでしまうものです。もちろん、昼休み中や定時後なら問題ないのですが、特に気を付けたいのが会議ですね。

これは自分が先輩社員になってみて改めて感じたことなのですが、会議中に友人同士のような気楽な話し方をされると、けじめがない印象を受け、会議全体がだらけた雰囲気になります。先輩として、新入社員に何度か注意をしたことがあります。たとえそこに同期入社の仲間がいようと、ビジネスシーンではTPOをわきまえて話すことが大切ですよ。

❷ 聞き手がどんな人かを考えて話す

　話し手がどんな人なのかを考えながら話を聞くのと同じで、聞き手がどんな人なのかを考えながら話すことも大切です。友人同士であれば特に意識する必要はないかもしれませんが、ビジネスシーンでは、さまざまな人がコミュニケーションの相手となります。上司、先輩、同僚、顧客、取引先の担当者といった相手に合わせて、適切な話し方をしなければなりません。また、自分が話そうとしている内容について、相手がどの程度の知識や技術、経験を持ち合わせているかを考えることも重要です。

❸ 正確にわかりやすく話す

　自分の考えや感情を正確に相手に伝えるためには、できるだけわかりやすく話すように意識する必要があります。
　具体的には、次のようなことを意識するとよいでしょう。

- 伝えたい内容を簡潔にまとめて話す
- 事実と主観を切り分けながら話す
- 長い話は短い文に分けて話す
- 複雑な話は主語を明確にして話す

例）

> 昨日、得意先の△△商事の山田さんを訪ねて行ったら、出張中で会うことができなくて、事前に訪問の約束を入れてなかった私が悪かったことは確かなんですが、どうしようかと困っていたら、代わりに田中さんが対応してくれて、何とか打ち合わせは順調に進んだんですが、いずれにせよ山田さんの了解を取ってからの決定になるだろうと思ったので、結局何も決めずに帰って来てしまいました。

⬇

> 昨日は得意先の△△商事の山田さんを訪問しましたが、出張中で面会できませんでした。代わりに田中さんに対応いただきましたが、やはり山田さんの了解を得てからの決定になるようです。

❹ 相手の気持ちに配慮しながら話す

　相手の気持ちに配慮しながら話すためには、まず、自分が平常心を保つように心がけることが大切です。興奮していたり、いらいらしていたりすると、それが言葉の端々に表れてしまいます。相手に不信感を抱かせたり、不快な思いをさせたりすることのないよう、常に相手の気持ちに配慮しながら話をしましょう。

　同じ意味を表現するにしても、言葉ひとつで相手が受け取る印象はずいぶん違ってくるものです。イメージのよい言葉と悪い言葉の違いを意識しながら、慎重に言葉を選びましょう。

　具体的には、次のようなことを心がけます。

●相手の立場に立って考える

　もし自分が相手の立場だったら、どう感じるかを考え、適切な言葉を選ぶようにします。文書と違って、いったん言葉を発してしまうと、取り消すことはできません。場合によっては、人間関係を修復できなくなるなど、取り返しがつかない事態に発展してしまうことも考えられます。また、人間関係が悪化すれば、当然ながら、ビジネスにも影響を及ぼすことになります。無神経な発言をしないように、言葉を発する前に、頭の中で話す内容を整理してみるようにしましょう。

例）

これは売れそうもないですね。

⬇

これは評価が分かれそうですね。

例）

あなたの説明は難しくて全然わかりません。

⬇

こちらの勉強不足で、理解するのに少し時間がかかりそうです。

例）

> そんなに短期間では、絶対に無理ですね。

▼

> これだけの短期間で実現するとなると、リスクが大きいですね。

● 言いすぎたときは素直に謝罪する

　会話をしたあとで、何か心に引っかかるものがあれば、自分の話した言葉をもう一度振り返ってみましょう。そして、自分がその言葉を受けとめたときにどう思うかを考えてみます。少しでも「言いすぎた」と感じたら反省し、相手に素直に謝りましょう。

● 断るときは丁寧に伝える

　相手の依頼を受けるのは簡単ですが、実際に実行することが難しい場合もあります。しかし、せっかくの依頼に対し、ただ「できません」と答えるだけでは社会人の言動として正しいとはいえません。角が立たないようにするためには、状況に応じて、次のような断り方を使い分けましょう。単刀直入に断るのではなく、依頼に対して感謝の意を表しつつ、丁寧に断ることが重要です。力量不足や調整が難しいことを強調するとよいでしょう。

状況	断り方
即答するのを避けるとき	持ち帰って検討させていただきます
	もう少し様子を見させてください
相手からの誘いを断るとき	あいにく先約がございまして
次回のチャンスに期待を込めながら断るとき	今回は見送らせてください
リスクを考慮して断るとき	私には少々荷が重すぎますので
	安請け合いをしてかえってご迷惑をおかけしては申し訳ないので

タブーな話題を心得ておく

ここがポイント！

話をするときは、相手の容姿や人格については触れないようにします。同様に、自分の容姿や人格について話題にするのも、相手が返事に苦慮することがあるため好ましくありません。また、支持政党や宗教などの個人の信条にかかわる話も避けるようにしましょう。

❺ プラス思考で肯定的に話す

　常にマイナス思考で否定的な話ばかりしていたら、相手はどのように感じるでしょうか。多くの人が「この人は後ろ向きで、一緒に話していると暗い気持ちになってしまう」と感じるはずです。中には「この人は何に対しても批判的だから、私のこともよく思っていないだろうな。距離を置いて付き合った方がよさそうだ」と感じる人もいるかもしれません。

　このように、マイナス思考で否定的な話し方は、円滑な人間関係を築く上での妨げとなります。たとえトラブルに直面した場合でも、事実は事実として受けとめ、その上でプラス思考に切り替えることができれば、自分を成長させるきっかけになるはずです。「私にはこの仕事はできません」と伝えるのではなく、この経験を踏まえて自分がどうしていきたいのかを伝えるだけで、相手の印象は大きく変わってくるでしょう。相手に「この人と一緒に仕事をしてみたい」と思わせるつもりで、常にプラス思考を心がけることが大切です。

プラス思考とマイナス思考

ここがポイント！

コップに水が半分入っているとき、半分しかないと考えるか、まだ半分もあると考えるかで、気持ちの余裕はもちろん、次に取るべき行動も変わってきます。コミュニケーションにおいても、肯定的な話し方か、否定的な話し方かによって、相手の受ける印象は大きく変わります。

たとえば、「元気？」と声をかけられて、「風邪を引いていて最悪です」と答えた場合と、「風邪を引いてしまったのですが、病院に行ったので快復に向かっています」と答えた場合ではどうでしょうか。後者の方が前向きで、よい印象を与えます。このように、ちょっとした日常会話の中でも、後ろ向きな話し方をするより、前向きな話し方をすると、相手の印象は変わるものなのです。

❻ 決め付けて話さない

　一方的に決め付けたような話し方は、相手に考えを述べる時間を与えず、それだけで会話が終わってしまいます。結果的に、自分の考えを相手に押し付けてしまうことになり、双方向コミュニケーションは成り立ちません。

例）

A：「A案で決まりですね。B案なんか絶対にあり得ませんよ。」
B：「・・・。」

例）

A：「あの人が了解するはずないよ。依頼するだけ無駄だね。」
B：「・・・。」

❼ 話題を作る

　二人で会話をしているときに共通の話題が見つかると、親しみが生まれ、話がどんどん広がっていきます。仕事中に、無理に仕事以外の話題を見つけて話す必要はありませんが、顧客や取引先に訪問した際などには、ちょっとした話題を提供できると、場の空気をやわらげたり、会話をつないだりすることができます。

　新聞や雑誌、テレビ、インターネットなどを利用して世の中の動きに関心を持つだけでなく、趣味や特技などの得意分野で話題を増やしておくなど、日ごろからアンテナをはり、身の回りにある話題を探すようにしましょう。

❽ ユーモアを交えて話す

　同じことを話すにしても、相手の興味をそそるように楽しく話す人がいます。面白い話には、誰でもついつい引き込まれてしまうものです。ユーモアを交え、ジェスチャーを使いながら、表現豊かに、ときには演技力を発揮して話をしてみましょう。ただし、不真面目な人だと思われないように、話をする相手や、その場の雰囲気などに応じて判断することが大切です。もちろん、品のないユーモアは逆効果になります。

Study ❹

コミュニケーション能力を
チェックしてみよう

自分のコミュニケーション能力を客観的に評価する機会はなかなかないものです。チェックシートを使って、仕事に必要な聞く力、話す力をチェックしてみましょう。

❶ 聞く力をチェックしてみよう

次の項目の中から当てはまるものに○印を付けて、双方向コミュニケーションに必要な「聞く力」をチェックしてみましょう。じっくり考え込むのではなく、直感的に回答してください。○印はいくつあってもかまいません。また、すべての項目に○印が付くように、ときどき自分の聞く力を振り返ってみるようにしましょう。

チェック項目	当てはまる
相手が話しやすい雰囲気を作るようにしている。	
相手の話に興味を持って、聞くことができている。	
相手の話を聞くとき、相手の目を見て聞いている。	
相手の話を、偏見や先入観にとらわれずに聞くことができている。	
相手の話の途中で口をはさまずに、最後まで聞くことができている。	
相手の話をいきなり否定せずに、まずは受けとめることができている。	
相手の話に適度にあいづちを打ちながら聞くことができている。	
相手の話に表情でも反応するように心がけている。	
相手に褒められたときは、素直に感謝の気持ちを伝えることができている。	
相手の話が理解できないときは、わかったふりをせずに、適切なタイミングで質問することができている。	
相手の話が長くなったり、脱線したりする場合は、相手の気持ちに配慮しながら、話を元に戻すことができている。	
あなたに話すことで、相手は安心感や満足感を覚えてくれていると思う。	

❷話す力をチェックしてみよう

次の項目の中から当てはまるものに○印を付けて、双方向コミュニケーションに必要な「話す力」をチェックしてみましょう。じっくり考え込むのではなく、直感的に回答してください。○印はいくつあってもかまいません。また、すべての項目に○印が付くように、ときどき自分の話す力を振り返ってみるようにしましょう。

チェック項目	当てはまる
明るい雰囲気で話すようにしている。	
相手に合わせた適切な話し方ができている。	
相手が理解できているか、相手の表情や反応をよく観察しながら話をしている。	
プラス思考で肯定的な話し方ができている。	
相手に伝えたい内容を簡潔にまとめて話すことができている。	
主語を明確にして話すように気を付けている。	
自分の考えを一方的に押し付けることなく、相手の考えを聞く時間を作るようにしている。	
相手の気持ちに配慮しながら、適切な言葉を選ぶようにしている。	
少しでも「言いすぎた」と思ったときは、素直に相手に謝罪できている。	
依頼や申し出を断るときは、単刀直入に断るのではなく、丁寧に断るようにしている。	
相手の容姿や人格については触れないように気を付けている。	
相手との共通の話題を見出せるように、日ごろから、さまざまな話題を探すように心がけている。	
相手や状況に応じて、ユーモアを交えて話すことができている。	

Try Again

もう一度1対1のコミュニケーションについて考えよう

学習した内容を踏まえて、ステップの冒頭の二人の会話をもう一度振り返ってみましょう。

> 佐藤さんも秋本さんも、仕事で必要なコミュニケーションについて、だいぶ理解を深めつつあるのは頼もしいことです。しかし、自分の聞く力や話す力について、反省しようという姿勢が足りません。コミュニケーションの相手に多くを求めすぎている点が問題です。

二人が見直すべきポイントは、次のとおりです。

佐藤さん：仕事を円滑に進めていくためには、コミュニケーションにも適切なタイミングや手段の見極めが必要なんだね。学生時代は失敗しても自分が困るだけだったけど、仕事じゃそうはいかないから、ぼーっとはしていられないな。でも、タイミングや手段に配慮したところで、相手に理解力がなかったり、最初から聞く気がなかったりしたら、さすがに自分の力じゃどうしようもないよねぇ？❶

秋本さん：そりゃぁ無理よ。あと、「時間がないから手短に！」なんて、偉そうにする人もいるわね。いつも忙しそうな人や、妙にいらいらして、いかにも短気って雰囲気が漂っている人なんかもそう。それじゃ複雑な話なんかできっこないじゃない？話す気力が失せるし、その威圧感にへこむのよねぇ。一度や二度、報告書の提出が遅れたくらいで怒らないでほしいよね。少なくとも新人には、優しくしてくれるのが当り前じゃない？❷

佐藤さん：逆にこっちが話を聞く場合も難しいよね。この間は課長の話を聞きながら必死にメモを取っていたら、「ちゃんと人の話を聞いているのか？」って言われたよ。いったいどうすればいいのかわからなくて困っちゃった。❸

> 秋本さん：下ばっかり向いていたから、ウトウトしていると思われたんじゃない？私なんか、一生懸命あいづちを打っていたのに、「まじめに聞いているのか？」って言われてショックだったことがあるわよ。話が長い上にどんどん脱線していって、内心うんざりしながら聞いてあげていたのにさ。❹とにかく、話をするのも話を聞くのも、それだけ難しいってことかしらね。社会人って、本当に大変だわ。

❶相手に問題があるという考え

　自分の話し方を工夫することによって、相手がわかりやすいように話をすることや、相手の関心を自分に向けることは可能です。理解してもらえないからといって、相手のせいにするのではなく、自分の話し方のどこに問題があるのかを考えるようにしましょう。

❷先入観で相手を判断している点

　相手を理解しようとするときは、まず、先入観や偏見を取り除く必要があります。勝手なイメージだけで、その人のことを正しく評価したり、理解したりすることはできません。また、一度や二度の失敗は許してもらえるという考えや新人には無条件に優しくしてほしいという考えも、甘えであるといえます。仕事においては、多種多様な人たちがコミュニケーションの相手であることを肝に銘じておきましょう。

❸相手が不安になった理由を理解できていない点

　相手は、常に話を聞いている自分の反応を気にしています。ただ黙っているだけでは、「この人は本当に私の話を聞いてくれているのだろうか」と不安になるものです。メモを取ることも重要ですが、あいづちを打ったり、表情で反応したりして、真剣に聞いていることを伝えるようにします。

❹あいづちさえ打てばよいという考え

　相手の話にあいづちを打つことは大切ですが、同じ言葉で単調なあいづちを繰り返してばかりいると、事務的で冷たい印象を持たれてしまうこともあります。また、話が脱線して長くなりそうな場合には、話し手の満足度を維持するように配慮しながら、勇気を持って中断することも大切です。

話をしたり、話を聞いたりするときの一番のポイントは、相手を尊重することです。特に1対1のコミュニケーションでは、お互いの距離が近いため、ちょっとしたことで相手に不安を抱かせたり、不快な思いをさせたりしがちです。自分が話す側なら聞き手の、聞く側なら話し手の立場に立って、お互いが気持ちよく会話できるように心がけましょう。

まとめ

このステップでは、次のような内容を学習しました。
理解できたかどうか、☑印を付けてチェックしてみましょう。

- ☑ 双方向コミュニケーションとは何かを理解した
- ☑ 相手を尊重することの重要性を理解した
- ☑ 相手の話を聞くことの重要性を理解した
- ☑ 相手の話を聞くときのポイントを理解した
- ☑ 話し方を工夫することの重要性を理解した
- ☑ 効果的に話をするポイントを理解した
- ☑ 自分のコミュニケーション能力について弱点を把握できた

Step 5
自分の意見を しっかり伝えよう

Try ▶	自分の意見はどうやって伝えればいいの？	84
Study ❶ ▶	意見って何？	86
Study ❷ ▶	自分の意見を形成するポイント	88
Study ❸ ▶	ストーリーを考えよう	89
Study ❹ ▶	意見をまとめよう	93
Try Again ▶	もう一度自分の意見を伝えることについて考えよう	96

Try

自分の意見はどうやって伝えればいいの?

社会人としての自覚やコミュニケーションの基本を学んだ佐藤さんと秋本さん。その顔つきにも、少しずつ責任感と自信が表れるようになってきました。しかし、まだまだ吸収すべきことは山ほどあります。会議に出席した二人の様子を見てみましょう。

> 会議は複数の人が一同に会し、意見を交換したり、重要な事柄を決定したりする場です。積極的に発言しようとする佐藤さんに対して、秋本さんはずいぶん消極的なようですね。会議中の二人の発言の様子を観察し、問題点を探してみましょう。

課　　長：うちの部署で厳重に管理すべき機密情報は、先ほどAさんに報告してもらったとおりで間違いないね。では、肝心の情報漏えい対策はどうなっているのかね。

佐藤さん：少なくとも、私はどのような対策が必要かさえ、まだよくわかっていません。これからしっかり勉強したいと思います。

課　　長：今は君自身のことではなく、うちの部署全体での実態はどうなのかと聞いているんだよ。

佐藤さん：私みたいな人が他にもたくさんいるようなら、やっぱりまずいんじゃないでしょうか。ね、秋本さん？

秋本さん：あ、うん…。

課　　長：そりゃあまずいよ。だからこそ、うちの部署の状況を知りたいと言っているんだ。Bさんはどのように感じているの？

Ｂ　さん：はい。会社のノートパソコンを家に持ち帰ったり、USBメモリーなどに保存したデータを持ち歩いたりしているところを見ると、一人一人のセキュリティ意識が高いとはとても思えません。

佐藤さん：それならデータを暗号化すれば、すべての問題は解決すると思います。

課　　長：そんな単純なことでいいのかね…。Cさんはどう考えている？

Ｃ　さ　ん：そうですね。いつ事故が起こっても、おかしくない状況ではないでしょうか。個人情報保護法の対象となる文書の管理も徹底されていません。保管に関するルールだけでなく、廃棄に関するルールも作るべきだと思います。

課　　　長：なるほど。

佐藤さん：すみません！ちょっと質問してもいいですか？個人情報保護法というのはどういう法律ですか？

課　　　長：君はそんなことも知らずに参加しているのかね？会議が終わったら、自分で調べなさい。ところで、秋本さんの意見はどうですか？

秋本さん：あっ、私もみなさんと同じ意見です。

課　　　長：新入社員の新鮮な目で社内を見渡して、ここがおかしい！と思うことはないの？

秋本さん：特にありません。

Study ❶
意見って何?

組織は、考え方や価値観の異なる人たちの集まりです。そこには、人数分の意見があって当然です。まずは意見とは何なのかについて、改めて考えてみましょう。

❶ 意見を述べるということ

「意見」とは、ある特定の事柄や人、社会で起きているさまざまな問題、事件、出来事などについて、自分の考え方や価値観、信念などを言葉として表現することです。黙っていると、相手はその人が何を考えているかを正確に把握することができません。言葉に出して、はじめて意見となります。意見は、相手とコミュニケーションを取ったり、新聞やテレビなどを通じて情報を入手したりする中で形成されていきます。また、さまざまな経験を積み重ねることで、自分の持っている意見が変化していくこともあります。

プライベートなら自分の意見を押し通すことができても、会社の中ではそうはいきません。ひとつの目標に向かって組織として活動をする際には、さまざまな意見を集約し、全員の合意を得て仕事を進めることも重要です。組織内での意見の対立を避けようと、安易に他人の意見に同調したり、異なる意見を述べるのを控えたりすることは、組織にとって何のプラスにもなりません。お互いの意見に耳を傾けることによって、新しい発見があったり、新しいアイデアが生まれたりすることもよくあります。

したがって、意見を持たない人は、話し合いの場に参加している意味がありません。どんな場面でも、常に自分の意見を主張できるように、あらゆることに関心を持つように心がけましょう。仕事に対して主体性を持って取り組めば、自然と自分の意見が形成されていくはずです。

❷ 意見交換の流れ

意見には、「賛成」「反対」のように2つの選択肢からいずれかを選択する「二者択一方式」や、「A案」「B案」「C案」のように複数の選択肢の中からひとつあるいは複数を選択する「多肢選択方式」、ある特定のテーマについて自由に意見を述べる「自由討議方式」などがあります。また、1対1で意見を交換する場合と、複数の人と意見を交換する場合とでは、やり取りの量も流れも変わってきます。人数が増えれば増えるほど、意見を集約するまでに時間がかかるようになります。

一般的な意見交換の流れは、次のとおりです。

1 問題提起をする

- 何について話し合いたいのかを明らかにする
- 結論を急ぐときは選択方式にする

2 意見を述べる

- 提起された問題について各自が意見を述べる
- 意見の裏付けとなる理由も明らかにする

3 質問する

- それぞれの意見について不明点や疑問点を明らかにする
- 間違いや矛盾があれば否定するのではなく確認する

4 回答する

- 質問に対して回答する
- 質問を通じて自分の意見の間違いや矛盾点に気付いたら訂正する

5 まとめる

- 納得できるポイントを見つけ、結論を確認する

ここがポイント！

こんな意見の述べ方は嫌われる

次のような意見の述べ方は、意味のない議論になったり、議論の場を乱したりする原因となるので気を付けましょう。

- 相手の意見を理解しようとせずに否定したり、反論を述べたりする
- 感情的になる
- 自分の意見を一方的に押し付ける
- いつも他人の意見に同調してばかりで、自分の意見を言わない
- すでに結論が出た問題を蒸し返す

Study ❷

自分の意見を形成するポイント

あらゆる事柄や人、問題、出来事に対して無関心では、自分の意見は生まれません。自分の意見を持つにはどうすればよいのかを考えてみましょう。

❶ 主体性を持って対象に関わる

　自分の意見を持つためには、あらゆることに関心を持つ必要があります。「好き」「嫌い」や「やりたい」「やりたくない」といった感情は、対象に関心を持つことから始まります。つまり、受け身ではなく、「**主体性**」を持って対象に関わる姿勢が重要です。

　さらに、人前で堂々と自分の意見を主張できるようになるためには、他人に説明できる明確な根拠が必要です。「なんとなくいいと思ったから」とか「それが正しいと思うから」では、相手は納得できません。根拠のない一時的な感情は、自分の意見とは呼べないのです。日ごろから、自分の感情や頭の中に浮かんだ考えを、客観的に分析するように心がけましょう。

❷ 意見を形成する流れ

　意見は、次のような流れで形成されます。

1　情報を入手する
- ある事柄や人などを観察する
- 新聞やテレビ、インターネットなどを通じて事実を把握する

2　感じたことを強く意識する
- 自分の中に生まれた感情を客観的に見つめる

3　根拠を明らかにする
- どうしてそのような感情に至ったのかを振り返ってみる
- どのような点に着目したのかを明らかにする
- 自分が持っている前提知識や過去の経験を洗い出す

4　自分の考え方を確認する
- 確かな根拠に基づく感情かどうかを考える
- 情報をさらに調べ、最初に感じたこととの違いを明らかにする

Study ❸

ストーリーを考えよう

自分の意見を述べる際には、相手に理解してもらえるように、わかりやすく説明しなければなりません。要点を正確に伝えるためにはどうしたらよいのかを考えてみましょう。

❶ 説得力を高めるコツ

　単に「賛成」か「反対」かの意思表示をするだけなら簡単ですが、その理由を説明したり、相手と異なる意見を述べたりするような場合には、相手が納得するような説明が必要になります。聞き手の頭の中にすんなり入っていかないような説明では、どんなに価値のある意見でも受け入れてはもらえません。そもそも、自分自身の中で要点を整理できておらず、伝えたいことが明確になっていないような状態では、相手に納得してもらうどころか、理解してもらうことも難しいでしょう。

　起承転結のない文章がわかりにくいのと同じで、口頭で自分の意見を説明する際にもストーリーが重要です。ストーリーがないと、だらだらと長い説明になったり、途中で話が前後したり、ときには脱線したりして、相手のスムーズな理解を妨げる原因となります。あらかじめストーリーを作成しておくことで、ポイントを押さえながらテンポよく話せるようになり、短時間で説得力のある説明をすることができます。

❷ 効果的なストーリー

　ストーリーを考える前に、まずは次の点を明らかにしておきましょう。これらの要素は、最初から最後まで、ぶれのない発言内容を組み立てる上で重要になります。

- 何に対する意見なのか（対象）
- 周囲の意見に対して自分の意見はどのような位置付けにあるのか（ポジション）
- 自分の意見の中心部分はどこにあるのか（本質）
- なぜ自分はそう考えるのか（理由）
- 説得力を高めるためのデータや参考資料があるか（材料）

次に、聞き手に納得してもらうための効果的なストーリーを組み立てます。前後関係を考えながら、各要素を順序よく並べていきましょう。

一般的に次のような流れで話の内容を組み立てると、論理的な説明を展開することができます。

1 テーマを設定する

- これから何についての意見を述べるのかを伝える
- 「賛成」「反対」など、自分の意見の位置付けを明らかにする
    例)「情報漏えい対策について私の考えを述べます。」

2 結論を提示する

- 自分が最も主張したいことを最初に伝える
- 主張したいことはひとつに絞る
    例)「組織の一員として、一人一人がセキュリティ意識を高めるべきだと考えます。」

3 理由を説明する

- 結論に至った理由を説明する
- 事実に基づく情報と主観による情報とを切り分ける
    例)「どんなにルールを厳しくしたとしても、現場の意識が低ければ、情報漏えいを水際で食い止めることはできません。」

4 説得力を高める

- 理由をさらに裏付ける客観的なデータや資料があれば提示する
- 誤解を招きやすい部分や、理解が難しいと思われる部分は、わかりやすい言葉でポイントを整理する
    例)「これは、昨今の情報漏えい事件の原因を分析したデータです。ここからわかるとおり、悪意ある者によって故意に情報が漏えいすることもありますが、担当者の不注意が原因であることも多いのです。」

5 まとめる

- 自分の主張を要約する
    例)「情報漏えい対策を進める上で、一人一人のセキュリティ意識の強化は欠かせません。再度全社員に対し研修を行うなどして、情報漏えいを未然に防ぐための意識を高めるべきだと思います。」

❸ 話を組み立てるポイント

ストーリーを考える際には、次のような点を工夫すると、より説得力のある話を組み立てることができます。

● 時系列で説明する

事実などは時系列で説明すると、聞き手が話の内容を整理しやすくなります。

例）

> 10月3日にA商品を納品し、10月5日に顧客から納品した商品に破損があるというクレームが入りました。即日顧客先に伺い状況を確認し、破損していた分については10月10日までに再度納品する約束をしました。

● 事実と主観のバランスを考える

事実と主観を混在させないように注意します。また、主観を述べるだけで終わってはいけません。主観を述べる前にまず事実を説明し、どうしてそう感じたのかを聞き手が理解できるようにしましょう。

例）

> A営業所の今期の売上が、前年比20%減と低迷しています。一方、A営業所における問い合わせ件数を見てみると前年比30%増で、その内容は機能の詳細を知りたいというものが中心です。去年は当社の独壇場でしたが、今年に入って他社が市場に参入してきており、他社と競合していると考えられます。

● ポイントを整理する

特に強調したいポイントや複雑な内容などは、いくつかの要点を端的な言葉でまとめて整理すると、相手が話に集中するきっかけを作ることができます。また、話を聞きながらメモを取ったり、頭の中を整理したりしやすくなります。

例）

> 考えられる問題は3つです。1つ目は単純に人手が足りないこと。2つ目は、組織間の連携がうまくいっていないこと。そして3つ目は、品質基準が明確でないことです。

● メリットを強調する

　誰でも、自分にとってメリットのある意見は受け入れやすいものです。自分の意見を受け入れた場合に、相手にどんなメリットがあるのかを強調するとよいでしょう。もちろん、うまい話ばかりでは相手も不信感を抱きかねません。デメリットがある場合はそれを指摘しつつメリットを提示すると、相手にも納得してもらいやすくなります。そのためには、単に「使いやすそう」とか「簡単そう」といった主観ではなく、あらかじめメリットとデメリットを客観的に評価しておくことも大切です。

例）

> 現在使用しているA製品とB製品を比べると、性能が約2倍も向上しています。追加された新機能については慣れるまでに多少の時間はかかるかもしれませんが、B製品に入れ替えることで、最も手間のかかる作業を自動化することができます。

● 時間配分を考える

　せっかくストーリーを完璧に組み立てても、説明にあまり時間をかけすぎると、相手の集中力を途切れさせることになりかねません。全体の所要時間の目安を決め、どの部分にどのくらいの時間をかけるべきか、時間配分を検討しましょう。

ここがポイント！

会議での発言はキーパーソンに照準を合わせる

会議などで複数のメンバーを前に意見を述べる際は、出席するメンバーが誰であるかによって、ストーリーの組み立て方も変わってきます。たとえば、経営層に向けて意見を述べる場合には、コストや実績などの数値が重要な説得材料になるでしょう。ストーリーを組み立てる際は、キーパーソンは誰なのかを考え、その人に訴えかける内容で構成するようにします。

Study ❹
意見を まとめよう

組織においては、自分の意見を主張するだけでなく、集約する力も求められます。全員が納得する形で意見をまとめるためには、どうしたらよいのかを考えてみましょう。

❶ 時間内で結論を見出すポイント

　会議や打ち合わせなどでは、さまざまな意見が飛び交います。大きく「**賛成**」「**反対**」の2つに分かれることもあれば、1つのテーマに対して複数の異なる意見が出てくることも少なくありません。自由に意見を交わしながらお互いの主張を受け入れ、理解を深めていくうちに、ある一定の方向性が見えてきます。

　時間は無制限にあるわけではありません。限られた時間内で全員が納得のいく結論を見出すために、一人一人が次のようなことを心がけましょう。

- あらかじめ意見の集約方法を決めておく
- 疑問点や不明点はそのままにしない
- 自分の意見を無理に押し通そうとしない
- 全員にとって最も不利益の少ない結論を考える
- 全員の発言内容を、図表などを使って整理してみる
- 司会進行役が必要に応じて軌道修正をする
- 現在の議論の方向性を客観的に見つめてみる
- 途中で議論の目的やテーマを全員で再確認する

Step 5 自分の意見をしっかり伝えよう

❷意見を集約する方法

その場で意見を集約する方法には、次のようなものがあります。

●KJ法

「KJ法」とは、文化人類学者の川喜田二郎氏が、データの整理術として考案した手法です。意見を集約する際にも応用できます。

まず、1枚のカードに、あるテーマに関する意見をひとつずつ記載します。次に、複数のカードの中で類似した意見をまとめてグルーピングし、それぞれのグループに、グルーピングした根拠を要約したラベルを付けていきます。グループの数が4～6つくらいになるまでこの作業を繰り返し、最終的に残ったグループについて相互の関係性を考え、線でつないだり、囲んだりして図解するという方法です。

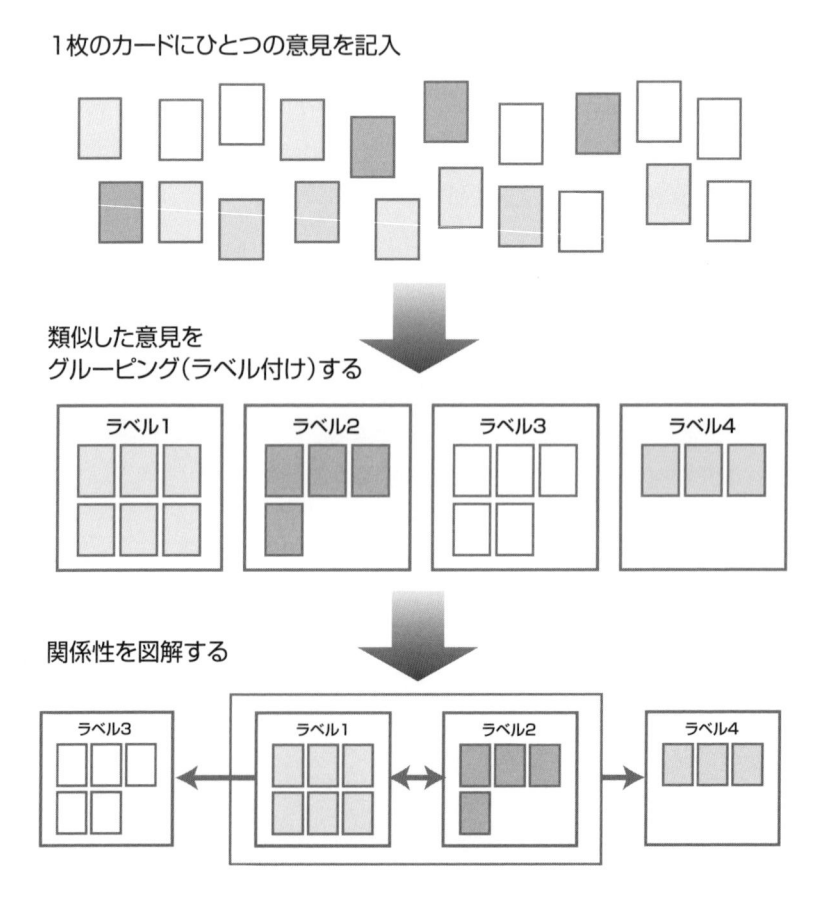

1枚のカードにひとつの意見を記入

類似した意見を
グルーピング（ラベル付け）する

| ラベル1 | ラベル2 | ラベル3 | ラベル4 |

関係性を図解する

| ラベル3 | ラベル1 | ラベル2 | ラベル4 |

● ブレーンストーミング

　「ブレーンストーミング」とは、会議や打ち合わせなどの出席者が、ある一定のルールに従って自由に意見を交わしながら、意見を整理していく方法です。略して「ブレスト」とも呼ばれ、それぞれの自由な発想によって互いの頭脳を刺激しあうことを狙ったものです。新しい価値を生み出すための手法でもあるため、大胆な意見や一見つまらないように思える意見でも、大歓迎されるのが特徴です。

　ブレーンストーミングを行う際の一般的なルールは、次のとおりです。

- 他人の発言に対する批判はしない
- できるだけ多くの意見を集める
- テーマに固執せずに思ったことを自由に発言する
- 複数のアイデアを組み合わせて発展させていく

● バズセッション

　「バズセッション」とは、会議などの出席者を5、6人の少人数のグループに分けて議論させる方法です。グループごとにリーダーと記録係を決めて10分ほど議論し、見解をまとめます。その後、グループごとの見解を発表し合い、全体としての結論を導き出します。出席者が多数である場合などは、個人の発言の機会が極端に減ってしまうため、バズセッションのような方法を採用すると、一人一人の意見を幅広く収集することができます。

行き詰ったら仕切り直す判断も必要

ここがポイント！

意見が対立したまま議論が行き詰った場合には、無理に結論を導き出そうとせず、時間を置くこともひとつの方法です。休憩時間を間にはさんだり、別の日に改めて議論の場を設けたりなど、自分の意見や他のメンバーの意見を冷静に見つめ直す時間を持つことで、方向性が見えてくることもあります。

Try Again

もう一度自分の意見を伝えることについて考えよう

学習した内容を踏まえて、ステップの冒頭の二人の会話をもう一度振り返ってみましょう。

> 積極的に会議に参加しようという佐藤さんの姿勢は評価できますが、自分の意見を整理できないまま発言しています。また、意見を述べるタイミングも悪いですね。一方の秋本さんは、自分の意見を持つ努力が必要です。

二人が見直すべきポイントは、次のとおりです。

課　　長：	うちの部署で厳重に管理すべき機密情報は、先ほどAさんに報告してもらったとおりで間違いないね。では、肝心の情報漏えい対策はどうなっているのかね。
佐藤さん：	<u>少なくとも、私はどのような対策が必要かさえ、まだよくわかっていません。これからしっかり勉強したいと思います。</u>❶
課　　長：	今は君自身のことではなく、うちの部署全体での実態はどうなのかと聞いているんだよ。
佐藤さん：	<u>私みたいな人が他にもたくさんいるようなら、やっぱりまずいんじゃないでしょうか。ね、秋本さん？</u>❷
秋本さん：	<u>あ、うん‥‥。</u>❸
課　　長：	そりゃぁまずいよ。だからこそ、うちの部署の状況を知りたいと言っているんだ。Bさんはどのように感じているの？
B さ ん：	はい。会社のノートパソコンを家に持ち帰ったり、USBメモリーなどに保存したデータを持ち歩いたりしているところを見ると、一人一人のセキュリティ意識が高いとはとても思えません。
佐藤さん：	<u>それならデータを暗号化すれば、すべての問題は解決すると思います。</u>❹
課　　長：	そんな単純なことでいいのかね‥‥。Cさんはどう考えている？

Ｃ　さ　ん：そうですね。いつ事故が起こっても、おかしくない状況ではないでしょうか。個人情報保護法の対象となる文書の管理も徹底されていません。保管に関するルールだけでなく、廃棄に関するルールも作るべきだと思います。課長：　　なるほど。
佐藤さん：すみません！ ちょっと質問してもいいですか？ 個人情報保護法というのはどういう法律ですか？❺
課　　長：君はそんなことも知らずに参加しているのかね？ 会議が終わったら、自分で調べなさい。ところで、秋本さんの意見はどうですか？
秋本さん：あっ、私もみなさんと同じ意見です。❻
課　　長：新入社員の新鮮な目で社内を見渡して、ここがおかしい！ と思うことはないの？
秋本さん：特にありません。❼

❶会議の目的を理解していない点
　会議の場は、1対1の面接とは異なります。会議に出席する際は、会議の目的やテーマを理解し、それに沿った意見を述べるようにしましょう。事前に必要な情報を収集しておくことも大切です。

❷主観的な意見を述べている点
　実態を聞かれているのに対し、個人の勝手な想像で答えています。意見を述べる際には、質問の意図をよく理解するとともに、なぜ自分はそう考えるのかを明らかにするようにします。理由を裏付けるデータや参考資料があると、説得力がさらに高まります。また、自分の意見に対し、他人に同意を強要してはいけません。

❸対立を避けようという考え
　同意を求められたからといって、安易に同調しようという姿勢は好ましくありません。発言の機会を与えられたら、自分はどう考えているのかをはっきりと主張しましょう。

❹議論の流れを無視している点
　積極的に発言しようという姿勢は評価できますが、自分が発言を求められていないときは、他人の意見に割り込んでまで発言すべきではありません。発言したいときは司会者の許可を得るようにします。また、「**どのような対策が必要かさえ、まだよくわかっていない**」と言っておきながら「**すべての問題は解決する**」と言い切っており、これでは説得力がなさすぎます。根拠が明確でなく、独りよがりな印象を与えてしまうだけです。

❺ **場違いな質問で議論を中断させている点**

相手の意見に対する質問ならよいのですが、事前に調べておくべき初歩的な質問をしています。会議に出席する際には、会議のテーマに関連する情報を集め、前提となる知識を習得しておくことも大切です。

❻ **自分の意見を持たない点**

自分の意見を持たない人は、話し合いに参加している意味がありません。何を聞かれても他人に同調してばかりでは、次第に他の出席者から相手にされなくなってしまいます。意見を求められたら、「こんなことを言ったら恥をかくかしら」などと思わずに、自分なりの考えを述べるようにしましょう。

❼ **発言に消極的な点**

「特にありません」という回答は、無関心で何も考えていないと受けとめられます。常に他人の意見に耳を傾けながら、自分なりの意見を整理しておくようにしましょう。仮に他人と同じ意見だったとしても、「特にありません」ではなく、同感であることを主張するようにします。賛成者が複数いることが同席者にきちんと伝わると、話し合いを進めやすくなります。

自分の意見を持たないと、主体性を持って仕事に取り組むことができません。これでは、「指示されたからやる」といった無責任な仕事になってしまいます。また、意見がないところに新しいアイデアは生まれません。まず自分の意見を持ち、相手の意見にも耳を傾け、さまざまな意見を集約してよりよい結論を導き出しましょう。

まとめ

このステップでは、次のような内容を学習しました。
理解できたかどうか、☑印を付けてチェックしてみましょう。

- ☐ 意見とは何かを理解した
- ☐ 自分の意見を持つことの重要性を理解した
- ☐ 意見交換の流れを把握できた
- ☐ 自分の意見を形成するポイントを理解した
- ☐ 説得力のある話の組み立て方を理解した
- ☐ 複数の意見を集約する方法を理解した

Step 6
効果的な
プレゼンテーションをしよう

- Try ▶ プレゼンテーションってどうすればいいの？ …100
- Study ❶ ▶ プレゼンテーションって何？ …102
- Study ❷ ▶ プレゼンテーションの流れ …105
- Study ❸ ▶ 資料を使って説得しよう …113
- Study ❹ ▶ 説得力のあるプレゼンテーションをしよう …120
- Try Again ▶ もう一度プレゼンテーションについて考えよう …124

Try

プレゼンテーションって どうすればいいの?

会社に入ると、人前で話すのは苦手などといってはいられません。ようやく、自分の意見を適切なタイミングでわかりやすく伝えられるようになってきた佐藤さん。今度は主任から、顧客に対するプレゼンテーションを任されたようです。

> 佐藤さんのプレゼンテーションの相手は、初めての取引となる新しいお客様ですね。お客様からの問い合わせがきっかけで、訪問することになったようですよ。自社の製品に興味を持っている人へのプレゼンテーションとして、佐藤さんの間違いを探してみましょう。

佐藤さん:この度は当社の製品についてお問い合わせをいただきまして、誠にありがとうございます。さっそくですが、当社の製品ラインナップを簡単にご紹介させていただきます。製品Aは・・・。製品Bは・・・。製品Cは・・・。製品Dは・・・。特に最近リリースしたばかりの新製品Eは、製品Cの機能をさらに拡充したものでして、既存のお客様にも大好評です。

お 客 様：事前に御社のホームページを拝見して、各製品の特徴は調べていました。実は、うちの会社に合うのがどれなのか、わからなくて困っていたんですよ。導入検討の対象がわからないと、他社との比較もできませんからね。もちろん、御社の製品がよく出来ているのはわかるのですが、うちの会社にすんなり導入できないのなら、今回は諦めざるを得ないのかなと…。

佐藤さん：そんなことはないと思います。導入にあたってはコンサルテーションサービスもご用意しておりますし、御社のご要件に合わせて仕様の一部を変更することも可能です。

お 客 様：それでも合わないってことはないのでしょうか。だいたい、標準仕様から変更するとなると、別途費用が発生しますよね？

佐藤さん：はい、それは…。

お 客 様：予算が厳しいので、できるだけコストを抑えたいんですよ。できることなら、標準仕様でスパッとはまる製品がいいですね。そうそう、大事なことを聞いておかなくちゃ。それぞれの製品の導入実績を教えていただけますか？それと、導入にあたっては、どのようなリスクが考えられるのでしょうか？

佐藤さん：申し訳ございません。本日は手元に資料がございませんので、今の2つのご質問については、後日改めてご連絡いたします。

お 客 様：そうですか。本当は、今日でひととおり検討材料を揃えておきたかったのですけどね。

Study ❶

プレゼンテーションって何?

人は、何かに心を動かされることで、行動を起こしたり、意思決定を行ったりします。プレゼンテーションは、その何かにあたるコミュニケーション手段のひとつです。ビジネスシーンに欠かせないプレゼンテーションとは何かについて考えてみましょう。

❶ あくまでも聞き手が主役

「**プレゼンテーション**」とは、限られた時間の中で、事実や意見などをわかりやすく正確に伝えることです。略して「**プレゼン**」とも呼ばれ、聞き手に理解を深めてもらい、さらに興味を持ってもらったり、意思を決定してもらったりするために行います。

したがって、ただ一方的に自分の意見を主張するだけでは、プレゼンテーションとはいえません。あくまでも聞き手が主役です。聞き手の心を動かすことができて、はじめてプレゼンテーションということができます。たとえば、「**なるほど、あなたの説明はよくわかりました。でも私には興味がありません**」と言われてしまえば、話はそこで終わってしまいます。これではビジネスは成立しません。

プレゼンテーションは、自分の提案や研究成果などを聞き手に受け入れてもらうための積極的なコミュニケーション手段なのです。聞き手の心を動かすためには、聞き手が何を求めているのかを把握しておく必要があります。

一般的なプレゼンテーションとは、次のようなものです。

- 人前で発表する
- 特定の聞き手を集めて行う
- 制限時間がある
- スライド、OHP、配布資料などを用意する
- 自分の提案や研究成果などの内容をわかりやすく説明する
- 聞き手の心を引き付け、行動を起こさせるようにする
- 質疑応答の時間がある

❷ プレゼンテーションの目的

プレゼンテーションを行う目的には、主に次の3つがあります。

●聞き手に理解してもらう

聞き手に説明し、内容を理解してもらいます。理解を促すためには、要点を押さえて簡潔に説明しなければなりません。また、聞き手の前提知識に配慮することも大切です。

例）

- ●会社概要を紹介する
- ●今期の方針を説明する

●聞き手に納得してもらう

聞き手に理解してもらった上で、内容に賛同してもらったり、満足してもらったりします。聞き手の心を引き付け、興味が持続するように話す必要があります。

例）

- ●研究成果に対して賛同を得る
- ●新製品や新サービスの良さを認識してもらう

●聞き手に行動を起こしてもらう

聞き手に納得してもらった上で行動を促し、最終的に行動を起こしてもらうようにします。行動を起こした場合のメリットを提示して期待感をあおるだけでなく、行動を起こさなかった場合のデメリットを提示して不安感を刺激するなど、できるだけ聞き手の意思決定を早めるように工夫します。

例）

- ●新製品や新サービスの企画について上司の承認をもらう
- ●競合他社の中から自社の製品やサービスを選んでもらう

❸プレゼンテーションの種類

プレゼンテーションでは、聞き手の人数が多くなればなるほど会場は大きくなり、すべての聞き手を満足させることは難しくなります。その場の状況に応じて、聞き手に効果的に伝えるための工夫が求められます。

プレゼンテーションの種類には、次のようなものがあります。

種類	特徴
面談形式	聞き手は少人数であることが多い。聞き手との距離が近く、一人一人の反応をつかみやすい。聞き手の求めている内容に沿って話ができる。
会議形式	会議室に5〜10名程度を集めて行われる。プレゼンテーションの内容について、参加者全員でディスカッションする。聞き手との意見交換が中心になる。
講義形式	教育やセミナー向けに用意された比較的広めの部屋で行われることが多い。後方の席に座っている人の反応がつかみにくい。
講演形式	100名以上の聞き手を集めて、設備の整った専用の会場で行われることが多い。一人一人の反応をつかみにくく、プレゼンテーションが一方的になりやすい。広い会場が必要になるため、会場の手配や、機材の手配などの準備が増える。

Study ❷
プレゼンテーションの流れ

プレゼンテーションのチャンスは何度も訪れるものではありません。与えられたチャンスを最大限に活かすためにも、プレゼンテーションを成功させるためのコツを理解しておきましょう。

❶ 企画から実施までの基本的な流れ

効果的なプレゼンテーションを行うためには、入念な準備が欠かせません。プレゼンテーションを企画して実施するまでの基本的な流れは、次のとおりです。

1 目的を明確にする
- プレゼンテーションの目的を明確にする

2 聞き手を分析する
- 聞き手の興味や知識レベルなどを分析する

3 情報の収集と整理を行う
- プレゼンテーションの内容に関する情報を収集し、整理する

4 主張を明確にする
- 何を最も伝えたいのか、主張すべき内容を明確にする

5 ストーリー展開を組み立てる
- 主張したい内容をわかりやすく伝えるための工夫をする

6 資料を作成する
- プレゼンテーションの内容に合わせて必要な資料を作成する

| **7** | スピーチの内容を検討する |

●話すセリフや強調すべきポイントを検討する

| **8** | リハーサルを行う |

●リハーサルを行い、全体の構成や話し方、時間配分などをチェックし、問題点を改善する

| **9** | プレゼンテーションを実施する |

●時間配分に注意しながら話をする
●発表後は質疑応答の時間を設ける

❷ 目的を明確にする

　まず、プレゼンテーションを行うことになったら、プレゼンテーションの目的を明確にする必要があります。目的を正しく認識することによって、何に焦点を当てればよいのか、どこまで話を掘り下げればよいのかなどが見えてきます。

❸ 聞き手を分析する

　プレゼンテーションの目的を明確にしたら、次に聞き手を分析し、プレゼンテーションの方向性を探ります。聞き手が知りたがっていることや求めていることに応えることができなければ、聞き手の心を動かすことはできません。的外れなプレゼンテーションによって、せっかくのチャンスを無駄にしないようにしたいものです。

　聞き手を分析する際には、聞き手が抱えているニーズや問題点だけでなく、前提知識、会社での地位や役割などについて情報を収集し、聞き手のレベルや興味に合った最適な表現方法を検討するようにします。たとえば、前提知識のない人に対してはできるだけ専門用語の使用を避け、簡単な言葉に置き換えたり、専門用語を丁寧に解説したりすると、興味を持って聞いてもらえます。

　聞き手については、次のようなことを調べておくとよいでしょう。

- 参加人数
- 何のためにプレゼンテーションを聞くのか
- 何を求めているのか、何を得たいのか
- プレゼンテーションの内容にどの程度関心があるか
- 年齢、性別、所属する組織、地位、役割、経歴
- 前提知識

❹ 情報の収集と整理を行う

　プレゼンテーションの目的を明確にし、聞き手を分析してみると、少しずつプレゼンテーションの方向性や、話すべき内容が見えてきます。それに合わせて、関係者へのヒアリングやアンケート調査などを通じて必要な情報を収集しましょう。収集した情報を整理してみて、情報が不足しているようならインターネットなどを使い、さらに収集を重ね、情報が多すぎるようなら選別して絞り込みます。こうして整理した情報は、具体的な裏付けや、効果的な説得材料として、プレゼンテーションを実施する際に利用できます。

❺ 主張を明確にする

　プレゼンテーションを具体的にどのような内容で構成するかを考える前に、自分が最終的に主張したいことは何なのか、相手に一番訴えたいことは何なのかを明確にしておくようにします。整理した情報を多角的に分析しながら、自分の主張したい内容をまとめていくとよいでしょう。

　ただし、発表者の主張が一方的なものにならないように注意することが重要です。主張したい内容と聞き手が求めている内容が一致しているかどうかを、再確認するようにします。

❻ ストーリー展開を組み立てる

　プレゼンテーションを組み立てるということは、自分の主張を聞き手にわかりやすく伝えるためのストーリー展開を考えるということです。

　プレゼンテーションは、「序論」→「本論」→「結論」の3部構成で組み立てるのが一般的です。

● **序論**

序論とは、プレゼンテーションの導入部のことです。
序論では、次のような要素について説明します。

- プレゼンテーションのテーマ
- プレゼンテーションの流れ（目次）
- プレゼンテーションの内容が、聞き手にとってどのくらい重要か、どのような利益を生むか
- 本論にスムーズに入るために必要な前提知識

● **本論**

　本論とは、プレゼンテーションの本体部のことを指し、聞き手に伝えたい内容についてストーリーを展開させる部分です。主張に矛盾やブレがないように、筋道立てて論理的な説明を展開させましょう。
　本論には、次のような要素を組み込むと効果的です。

- 聞き手に伝えたい内容と、その理由
- 客観的事実、過去の実績、統計結果など、具体的な裏付けとなるデータの提示
- アイデアや問題解決策などの提案
- 自分の主張と他人の主張との関連付けや比較
- 自分の体験談
- 予想される質問に対する回答

● **結論**

結論とは、プレゼンテーションのまとめに相当する部分です。
結論には、次のような要素を盛り込むと効果的です。

- 本論で展開した内容の要約
- 最終的に主張したいことは何か
- 聞き手にどのような行動を取って欲しいか

> **ここがポイント!**
> ### 内容に応じて結論を最初に述べる
> プレゼンテーションの内容によっては、序論で先に結論を述べる方が効果的な場合もあります。最初に聞き手の注意を引き付け、なぜその結論に達したのかを、最後まで興味深く聞いてもらうことができます。どのようにストーリーを展開すると最も効果的か、話の内容や、聞き手の関心度、結論のインパクトなどを考慮しながら判断しましょう。

> **ここがポイント!**
> ### 目的に合わせた構成を考える
> 代表的なプレゼンテーションとして、自分の考えたアイデアや企画などを提案するプレゼンテーションと、問題解決策を提示するプレゼンテーションがあります。
> それぞれの目的に合わせて、次のような流れで構成すると効果的です。
>
> ●**提案型**
> 最初に何を提案したいのかを明らかにし、提案に至った背景や目的、提案内容、実現することによるメリットおよびデメリット、説得力を高めるための具体的な事例やデータなどを順番に説明していきます。最後に提案内容を要約します。
>
> ●**問題解決型**
> 最初に問題点を明らかにし、想定される原因について説明します。続いて具体的な解決策、その裏付けとなるデータを提示し、最後に全体を要約します。

❼ 資料を作成する

　一般的なプレゼンテーションでは、プロジェクタやOHPなどに投影する資料、聞き手に配布する資料を用意し、それを指しながら話を進めます。手元に資料があると、聞き手の理解を促しやすいだけでなく、聞きながらメモを取ることができて便利です。説得力のある話し方が重要であるのはもちろんのこと、説得力のある資料には、聞き手の興味をさらに引き付ける力があります。

　資料は、ストーリー展開に合わせて「読む」資料ではなく、「見る」資料になるように心がけます。長々とした文章では、読む気がしないばかりか、発表者の話に集中できなくなる可能性があります。したがって、ひと目で伝えたい内容が把握できるような工夫が必要です。

❽ スピーチの内容を検討する

　資料に書かれてあることをただ棒読みするだけでは、わざわざプレゼンテーションをする意味がありません。何より、聞き手が退屈してしまいます。資料に書かれていないエピソードを盛り込んだり、補足説明を加えたりして、スピーチの内容をメリハリのある興味深いものにする工夫が必要です。聞き手が思わずメモを取りたくなるような内容を目指すとよいでしょう。

　また、大勢の前で話すときは誰でも緊張するものです。あとで伝え忘れたことに気付いて後悔することのないように、あらかじめ要点を書き出したり、強調したいポイントをメモしたりしておくことも必要です。プレゼンテーションに不安を感じる場合は、あらかじめ「**スピーチ原稿**」を作成し、セリフをすべて準備しておくのもひとつの方法です。ただし、スピーチ原稿を用意する際は、次のような点に注意しましょう。

- 自分自身の言葉で書く
- 書き言葉ではなく、話し言葉で書く
- 原稿をできるだけ覚えて、当日は原稿に目を落とす頻度を少なくする

❾ リハーサルを行う

　プレゼンテーションの前には、必ず「**リハーサル**」を行いましょう。リハーサルとは、本番の予行演習のことです。リハーサルを十分に行っておくと、当日も慌てることなく自信を持って臨むことができます。そのためには、制限時間や会場など、本番同様の設定で緊張感を持って行うことが重要です。

　また、一人で練習するのではなく、第三者に立ち会ってもらい、わかりにくい点や、聞き取りにくい点、不要な口癖、資料の不備などについてアドバイスを受け、問題点を事前に改善しておくとよいでしょう。リハーサルの様子をビデオに録画するのもひとつの方法です。

❿ プレゼンテーションを実施する

　十分にリハーサルを行っていても、当日は緊張のあまり、早口になってしまったり、思わず熱が入ってしまい、時間が足りなくなったりしがちです。時間配分に気を付け、聞き手の反応を見ながら、できるだけ落ち着いて話を進めるようにしましょう。また、予定時刻より早めに会場に入り、スピーチ原稿に目を通したり、配布資料

を準備したりして、余裕を持ってプレゼンテーションに臨めるようにすることが大切です。
　当日のプレゼンテーションは、次のような流れで進めます。

1　あいさつをする

- 簡単に自己紹介をする
- 必要に応じて、自分の会社の事業内容などを紹介する
  例)「わたくしは、○○会社○○部で○○を担当しております○○と申します。」

2　序論を説明する

- プレゼンテーションのテーマや流れ、発表内容の要点などを紹介する

3　本論に入る

- 資料を効果的に使い、聞き手の反応を見ながら話を展開する

4　結論をまとめる

- 本論で伝えたかったことを要約する

5　質疑応答を行う

- プレゼンテーションの内容に関する聞き手の質問を受け付け、回答する
- その場で回答できない質問については、後日回答する
  例)「詳しくお調べしますので、後日回答してもよろしいでしょうか。」

6　あいさつをする

- 自分の話を聞いてもらったことに対して感謝の意を示す
  例)「ご清聴ありがとうございました。」

質疑応答の時間を設ける

ここがポイント！

ひととおりプレゼンテーションが終了したら、質疑応答の時間を設けるのが一般的です。ここで聞き手の疑問を解消することにより、プレゼンテーションの内容を、より説得力のあるものにすることができます。質問されて慌てることのないよう、あらかじめ想定される質問とその回答を用意しておくとよいでしょう。質問を受けたときは、質問の内容を一度で把握し、回答する前に念のため復唱するようにします。

また、発表の途中で聞き手から質問が出ることも考えられます。質問によって話が中断されてしまうと、話を続けにくくなったり、他の聞き手が集中できなくなったりする原因になります。このようなことを避けるためには、最後に質疑応答の時間を設けていることをあらかじめ宣言しておくことが必要です。

聞き手にもマナーがある

ここがポイント！

発表者の話に集中していないと、大事なポイントを聞き逃したり、話を理解できなかったりします。そもそも「聞いてあげている」という態度は感心できません。

聞き手のマナーとして、次のような点に注意しましょう。
- 発表者に対して攻撃的な態度を取らない
- 正しい姿勢で座る
- 視線を落としてばかりいない
- 発表者の話に集中する
- 発表者の話を中断しない
- 理解できたときは、うなずくようにする
- 重要なポイントはメモを取る
- 資料に落書きをしない
- 話を聞きながら携帯電話を操作したり、他の仕事をしたりしない
- ペン回しや貧乏揺すりなどの癖に注意する
- 途中で退席しない
- 質問するときは、あらかじめ質問内容を整理しておく

Study ❸
資料を使って説得しよう

プレゼンテーションで使用する資料は、聞き手を説得するための重要なツールです。効果的な資料を作成するための表現方法を知り、話の内容に応じて上手に使い分けられるようにしましょう。

❶ 視覚に訴えることの重要性

　人は、左脳を使って言葉を理解し、右脳を使って視覚的な情報をキャッチします。したがって、プレゼンテーションに使用する資料は、伝えたい内容を補足するだけでなく、聞き手の視覚に訴える意味でも重要な役割を果たします。

　視覚に訴える表現方法には、次のようなものがあります。

表現方法	特徴
箇条書き	簡潔な文章で要点だけを抽出して印象づける。重要なポイントを強調しやすい。
表	細かい数値や項目などを整理する。データ同士のまとまりが明確になり、データ間の比較がしやすい。
図解	複数の要素間の関係を視覚的にわかりやすく表現する。相関関係、順序、階層、位置関係などを伝えやすい。
グラフ	数値を視覚的に印象付ける。数値の大きさや動きをひと目で把握しやすい。棒グラフ、折れ線グラフ、円グラフ、レーダーチャートなどがある。
イラスト	文字だけでは伝わりにくい内容をわかりやすく、かつ親しみやすく表現する。表現力豊かな資料になり、聞き手を引き込みやすい。

ここがポイント！

色づかいにも配慮する

視覚に訴える表現方法として、もうひとつ注意したいのが「色づかい」です。濃い色の背景に濃い色の文字を重ねたり、白地の背景に薄い色の文字を重ねたりすると、読みづらくなります。また、色を多用しすぎると、どこに注目したらよいのかわかりません。読みやすい色を使用し、強調したいポイントだけ色を変えるなどして、メリハリのある資料に仕上げましょう。

❷ 箇条書きによる表現方法

　資料に長い文章が書かれていると、聞き手は読むことに集中してしまい、発表者の話を聞き逃してしまいます。資料を作成する際は、聞き手がひと目でポイントを把握できるように配慮することが大切です。要点を洗い出して簡潔な文章でまとめ、詳しい説明は口頭でするようにしましょう。

　箇条書きにするときは、次のような点に注意します。

- ひとつの箇条書きに対し、要点はひとつにする
- できるだけ短い文章でまとめる
- 冗長な修飾語や接続詞は削除する
- 文体はである調、または体言止めにする

例）

職場でできる環境活動
職場でできる環境活動にはいろいろある。たとえば日常的に行われる会議では、事前に参加人数を調べておけば、配布資料を多めに用意しておく必要がなく、紙の無駄が発生しない。また、一人一人に使い捨ての紙コップを用意するのも資源の無駄遣いといえよう。さらに全社でクールビズやウォームビズを促進すれば、会議室のエアコンの温度を夏は28度に、冬は20度に設定しても快適に過ごすことができ、CO_2の削減に貢献できる。使っていない会議室の電気を消しておくといった小さな心がけも重要だ。これらを実現するためには、何より一人一人の環境意識を高めなければならない。そのために有効となるのが環境教育である。

箇条書きにすると ↓

職場でできる環境活動
- 配布資料は必要部数を確認して用意する
- 使い捨ての紙コップは使用しない
- クールビズやウォームビズに積極的に取り組む
- エアコンの温度を夏は28度に、冬は20度に設定する
- 使用していない部屋の電気は消す
- 環境教育を通じて社員の環境意識を高める

❸ 表による表現方法

　ひとつのことを説明するのに、項目数が多かったり、細かい数値を扱ったりする場合は、文章ではなかなか説明しきれません。表を使って整理すると見やすくなります。表は、関心のある項目について数値や特徴を確認したり、項目間を比較したりするのに便利な表現方法です。

例）

パソコンの選定基準
●デスクトップ
－携帯性：電源を確保する必要があるため、携帯性は悪い
－拡張性：ハードディスクの増設やCPUの交換ができ、拡張性は高い
－価格：比較的安価
●ノートブック
－携帯性：バッテリーが内蔵されているため、携帯性はよい
－拡張性：CPUの交換などができないため、拡張性は低い
－価格：比較的高価

表にすると
⬇

パソコンの選定基準

	デスクトップ	ノートブック
携帯性	悪い	よい
拡張性	高い	低い
価格	比較的安価	比較的高価
特徴	・電源を確保する必要がある ・ハードディスクの増設やCPUの交換ができる	・バッテリーが内蔵されている ・CPUの交換などができない

❹ 図解による表現方法

　「図解」とは、図を使って解説することです。図解には直感的に内容を伝えられるメリットがあります。図を作成する場合は、まず、要素を箇条書きで洗い出し、各要素間の関係性を考えてみるとよいでしょう。

基本となる図解パターンには、次のようなものがあります。

● **相関関係**

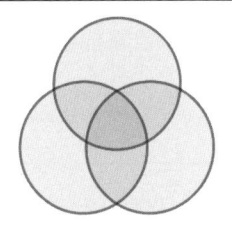

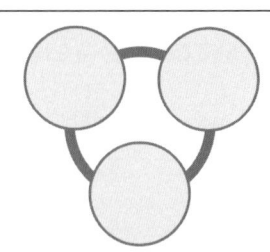

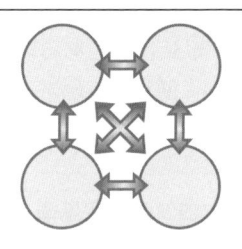

● **順序**

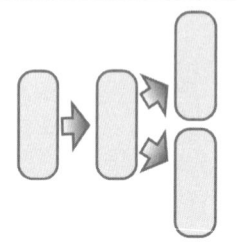

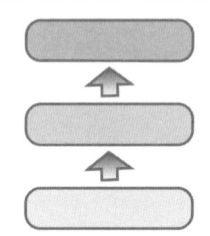

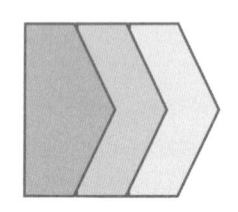

● **循環**

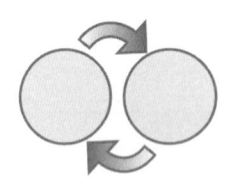

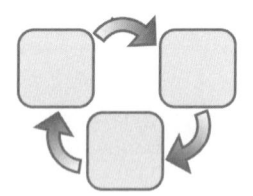

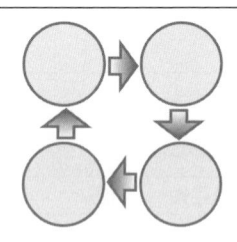

● **階層**

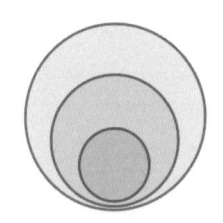

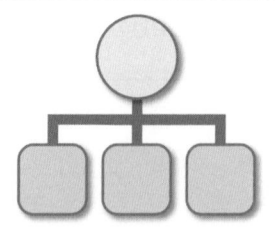

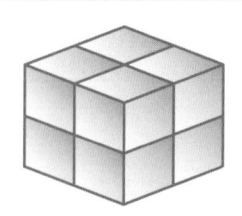

●位置関係

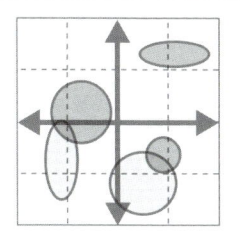

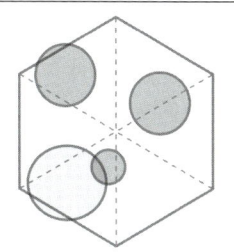

例）

作業効率の改善策
●要員の教育
●人員配置の改善
●新機種の導入
●運用の見直し
●操作マニュアルの作成

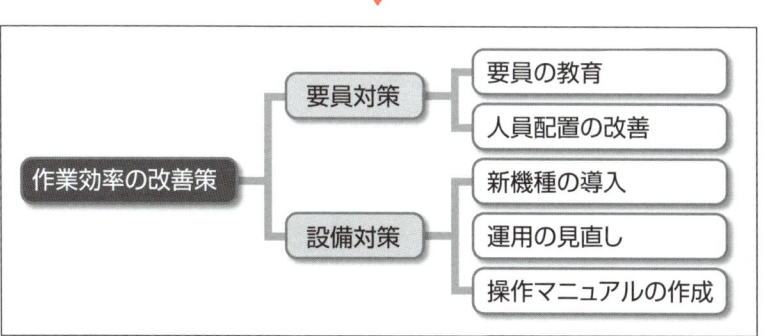

図解にすると

```
                    ┌── 要員対策 ──┬── 要員の教育
                    │              └── 人員配置の改善
作業効率の改善策 ──┤
                    │              ┌── 新機種の導入
                    └── 設備対策 ──┼── 運用の見直し
                                   └── 操作マニュアルの作成
```

❺グラフによる表現方法

　数値の重要性を強調したい場合は、文字だけではインパクトに欠けてしまいます。数値の大きさや動きがひと目で伝わるように、グラフを利用しましょう。グラフには、さまざまな種類があり、それぞれに特徴があります。グラフの特徴を理解し、伝える内容に合わせてグラフを使い分けるようにします。

　主なグラフの種類と特徴は、次のとおりです。

種類	特徴
棒グラフ	データの大小関係を示す。
折れ線グラフ	時間の経過による推移を示す。
円グラフ	割合や内訳を示す。
レーダーチャート	複数の特性間のバランスを示す。

●棒グラフ

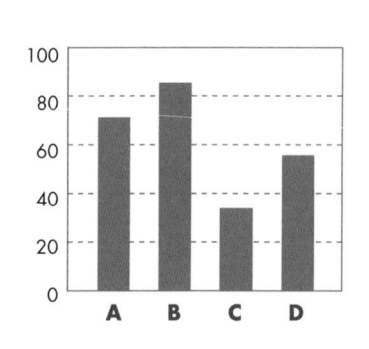

●折れ線グラフ

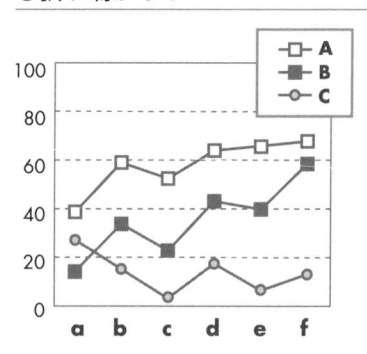

●円グラフ

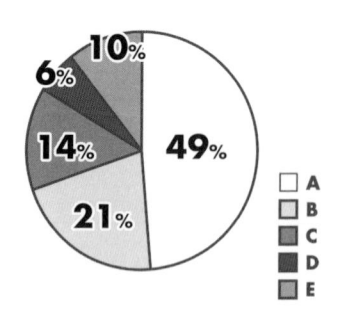

●レーダーチャート

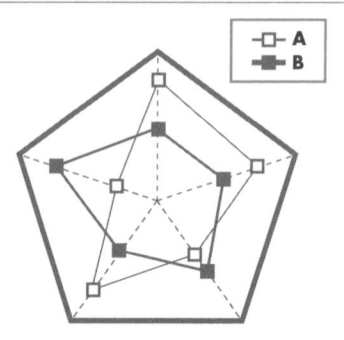

例）

> A社の売上が、当社の全体売上の40%を占める

グラフにすると

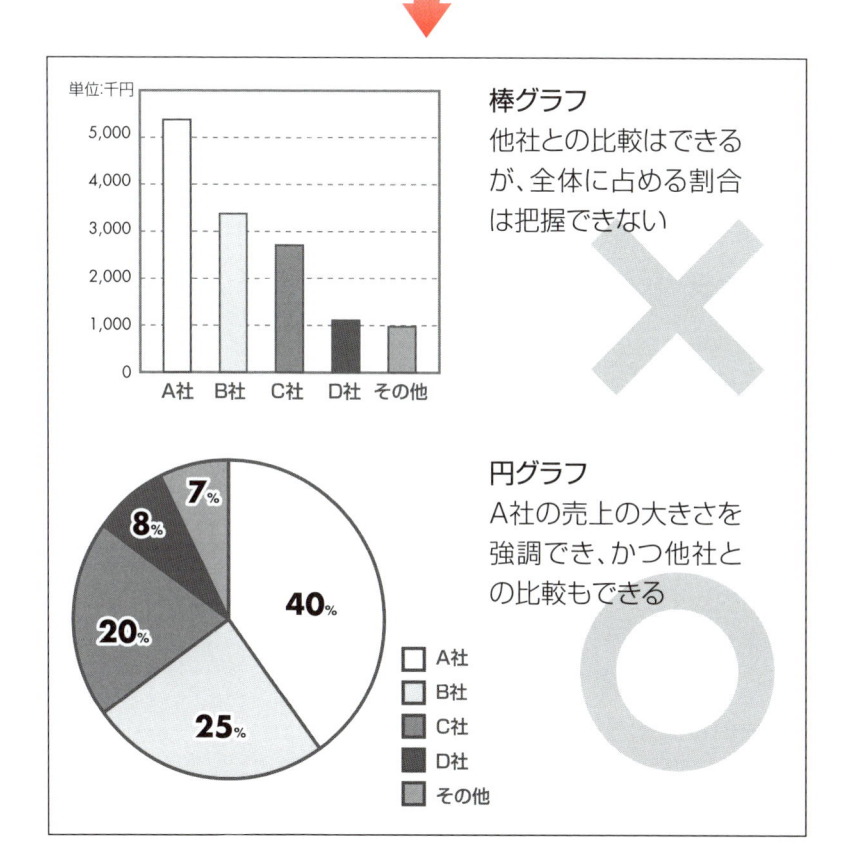

棒グラフ
他社との比較はできるが、全体に占める割合は把握できない ✕

円グラフ
A社の売上の大きさを強調でき、かつ他社との比較もできる ○

Study ❹
説得力のある プレゼンテーションをしよう

せっかく完璧な資料が準備できても、当日のプレゼンテーションで失敗すれば、すべての努力が水の泡です。プレゼンテーションを成功させるためのコツを理解しましょう。

❶ バーバル表現とノンバーバル表現

　プレゼンテーションにおいては、「バーバル表現（言語による表現）」と「ノンバーバル表現（言語を使わない表現）」の2つをうまく組み合わせながら、聞き手を自分の話に集中させるようにします。
　それぞれの表現方法においては、次のような点を心がけましょう。

＜バーバル表現＞

- 聞き手に合わせて、わかりやすい言葉を選ぶ
- 早すぎず、遅すぎず、適度なスピードで話す
- 声の大きさやトーン、抑揚、間などをうまく使い、メリハリを付ける
- 「…と思います」といったあいまいな表現を避ける
- 聞き取りやすい発声をする
- ユーモアやアドリブを交える
- 聞き手が理解できているかどうかを観察し、必要に応じて問いかける

＜ノンバーバル表現＞

- 身だしなみにも気を配り、見た目にもよい印象を与える
- 自信に満ちた明るい表情で話す
- 体を聞き手の方に向けて立ち、全体を見渡すようにして話す
- 身振り手振りを交える
- 机に手を付いたり、壁に寄りかかったりせず、正しい姿勢で立つ
- 視覚に訴えるインパクトのある資料を提示する

❷ ビジュアルツールを活用する

「ビジュアルツール」とは、視聴覚機材のことです。視覚に訴える資料を作成することも重要ですが、最適なビジュアルツールを選択すると、より効果的なプレゼンテーションを行うことができます。

ビジュアルツールの特徴を理解し、伝えたい内容や使用する会場などに合わせて使い分けるようにしましょう。

主なビジュアルツールの特徴は、次のとおりです。

種類	長所	短所
ホワイトボード	・容易に手配できる ・自由度が高い	・広い会場では後方の席から見えにくい ・書いている間、聞き手を待たせてしまう
パソコン	・動画や静止画を自由に扱える ・配布資料との同期が取りやすい ・再利用できる ・環境があれば、必要に応じてインターネットに接続できる	・リハーサルやセッティングなどの入念な準備が必要になる ・プロジェクタの手配が必要になる ・会場の照明を暗くしなければならない
OHP	・容易に作成できる ・必要に応じてペンなどで書き込みができる	・投影装置の手配が必要になる ・動きを付けられない ・細かい部分が見にくく、広い会場には向かない
VTR	・臨場感を演出できる ・必要に応じて、映像を止めることができる ・再利用できる	・映像制作のコストがかかる ・映像制作の技術が必要になる ・広い会場では、プロジェクタの手配が必要になる
模造紙	・容易に作成できる ・必要に応じて書き込みができる ・一度に複数枚を提示できる	・1枚に掲載可能な情報量が限られる ・貼り替える手間と時間がかかる ・広い会場では後方の席から見えにくい
製品などの実物	・聞き手の心を動かすことができる ・その場で真実を証明できる	・広い会場では後方の席から見えにくい

❸ 最初の3分が勝負

「始めよければ終わりよし」と言われるように、プレゼンテーションもスタートが肝心です。最初に「この人の話は面白そうだな」とか「それってなんだろう」と思わせることができれば、聞き手の聞く態勢が整い、話に引き込みやすくなります。

冒頭で聞き手の興味を引くためには、次のような方法があります。

- 自分の豊富な経験や実績を紹介し、これから話す内容に価値があることをアピールする
  例）「わたくしは○○会社にて○年間、さまざまなプロジェクトのリーダーを務め、そのすべてを成功に導いてきました。」
- インパクトのあるデータを最初に提示する
  例）「○○会社による調査結果によると、昨今の情報漏えい事件の原因の○○％が、個人の不注意によるものだそうです。」
- 聞き手が抱えている問題について、質問を投げかける
  例）「メールを送信する際に、思わずヒヤッとしたことはありませんか？」
- 具体的なエピソードから切り出す
  例）「実は昨日、非常に不思議な体験をしました。それは…。」
- ユーモアを交える（オチがわかりにくいと逆効果になる場合もあるため注意が必要）
  例）「最近では、パソコンが落ちた！というと、どこに？なんて返す人もあまりいなくなりましたね。」

私の体験談

聞き手に合わせてどう切り出すかを考える

聞き手が一番興味のありそうな話題を最初に持ってくると、話し出した瞬間、聞き手の集中力が一気に高まるのを感じます。「自分の話を聞いてくれている」と思うとうれしいものですし、聞き手との距離が縮まり、ぐっと話しやすくなります。

毎回どんなアプローチが効果的かを考えるのも楽しい作業です。新人の頃はオチのつもりがオチにならず、上司に怒られたこともありましたけどね。

❹ 最後のまとめも肝心

　プレゼンテーションは導入部分も重要ですが、どう終わるかによっても印象が大きく変わります。自分の主張を再度繰り返し、聞き手に理解を深めてもらうようにします。

　具体的には、次のような点に注意しましょう。

- 時間が余ってしまったら、無駄に時間をつぶさずに速やかに切り上げる
- 時間が足りなくなっても重要なポイントだけは伝えそびれないように、駆け足で要約するためのスピーチ原稿や、伝えたいことをまとめた資料を用意しておく
- 聞き手にどのような行動を起こしてもらいたいか、希望や期待を述べる
- プレゼンテーション後の問い合わせ先や連絡方法などを知らせておく

ここがポイント！

演出に懲りすぎると逆効果

最近では、プレゼンテーション資料を作成するための便利なソフトウェアもあり、パソコンを使ったプレゼンテーションが増えています。パソコンを使うと、説明に合わせて文字や図を表示させたり、画像に動きや音声を加えたり、スライドの切り替え時に効果を付けたりといったように、さまざまな演出が行えます。しかし、楽しいからといって多用しすぎると、演出ばかりに目がいってしまい、肝心の内容が頭に入らないなど、かえって逆効果になります。

ここがポイント！

パソコンを使ったプレゼンテーションの留意点

プレゼンテーションにパソコンを使用するときは、次のような点に注意しましょう。
- 途中でバッテリー切れにならないようにする
- パソコンの画面ばかりを見ないようにする
- パソコンの操作に十分に慣れておく
- 起動やセッティングに時間をかけすぎない

Try Again

もう一度プレゼンテーションについて考えよう

学習した内容を踏まえて、ステップの冒頭の佐藤さんのプレゼンテーションをもう一度振り返ってみましょう。

> 佐藤さんの間違いは、準備不足である点です。しかも、自分の伝えたいことに一生懸命で、お客様が何を知りたがっているのかを理解できていません。これでは一方的なプレゼンテーションになってしまい、せっかくのチャンスを活かしきれずに終わってしまいます。もったいないですね。

佐藤さんが見直すべきポイントは、次のとおりです。

佐藤さん：この度は当社の製品についてお問い合わせをいただきまして、誠にありがとうございます。さっそくですが、当社の製品ラインナップを簡単にご紹介させていただきます。❶製品Aは・・・。製品Bは・・・。製品Cは・・・。製品Dは・・・。特に最近リリースしたばかりの新製品Eは、製品Cの機能をさらに拡充したものでして、既存のお客様にも大好評です。❷

（製品Aの特長は…）

❹
❸

お 客 様：事前に御社のホームページを拝見して、各製品の特徴は調べていました。実は、うちの会社に合うのがどれなのか、わからなくて困っていたんですよ。導入検討の対象がわからないと、他社との比較もできませんからね。もちろん、御社の製品がよく出来ているのはわかるのですが、うちの会社にすんなり導入できないのなら、今回は諦めざるを得ないのかなと…。

佐藤さん：<u>そんなことはないと思います。導入にあたってはコンサルテーションサービスもご用意しておりますし、御社のご要件に合わせて仕様の一部を変更することも可能です。</u>❺

お 客 様：それでも合わないってことはないのでしょうか。だいたい、標準仕様から変更するとなると、別途費用が発生しますよね？

佐藤さん：はい、それは…。

お 客 様：予算が厳しいので、できるだけコストを抑えたいんですよ。できることなら、標準仕様でスパッとはまる製品がいいですね。そうそう、大事なことを聞いておかなくちゃ。それぞれの製品の導入実績を教えていただけますか？それと、導入にあたっては、どのようなリスクが考えられるのでしょうか？

佐藤さん：申し訳ございません。<u>本日は手元に資料がございませんので、今の2つのご質問については、後日改めてご連絡いたします。</u>❻

お 客 様：そうですか。本当は、今日でひととおり検討材料を揃えておきたかったのですけどね。

❶ 序論の内容

初めて会う人や、初めての取引となる会社へのプレゼンテーションでは、自己紹介や会社概要の紹介が必要です。また、本論に入る前に、プレゼンテーション全体の流れや重要性についても説明が欲しいところです。

❷ 聞き手の分析

佐藤さんは、お客様がすでに各製品の特徴を理解しているにもかかわらず、製品の説明から始めてしまいました。新製品Eの説明も、どのように拡充されたのか、どのような点がお客様に好評なのかが伝わらず、具体性に欠けます。聞き手は、知りたいことへの回答がないと、興味がわかないばかりか、がっかりしてしまいます。一回限りのチャンスを最大限に活かすためには、事前に聞き手がどのような人であるのか、何を知りたがっているのかを分析しておくことが重要です。

❸ 資料の作成方法

　文字だらけの資料は、読む気が起こりません。強調したいポイントは文字を大きくするなど、メリハリを付けることも必要です。聞き手にひと目で伝わるような資料を作成しましょう。また、プロジェクタに映し出すものと同じ資料を配布資料としてお客様に配るようにします。

❹ プレゼンテーション中の態度

　聞き手に背を向けていては、反応がつかめません。聞き手の方に体を向け、視線を合わせるようにして話をします。

❺ 質問に対する回答の仕方

　まず、自社に合う製品なのかを知りたがっているお客様に対し、明確な回答を提示できていない点が問題です。また、確実に導入できるかどうか判断できない段階で、あいまいな回答はすべきではありません。「・・・と思います」という表現には自信のなさが伺え、聞き手は不安になってしまいます。ここでコンサルテーションサービスの利用を勧めるのであれば、その説明資料も用意しておくべきでしょう。

❻ 想定される質問への準備

　あらかじめ想定される質問への回答は準備しておくべきです。質問を持ち帰ることで、大事なビジネスチャンスを逃してしまうことも考えられます。また、質問を持ち帰った場合は、早急に回答するようにしましょう。

　佐藤さんは、聞き手であるお客様が、どの程度情報を収集されているのか、どんなことを知りたがっているのかを十分調べておくべきでしたね。わからない場合は、電話で確認するのもひとつの方法でしょう。また、事前にリハーサルを行い、上司や先輩に評価してもらうべきでした。まだまだプレゼンテーションの経験が浅いのですから、なおさらです。

では、当日のプレゼンテーションはどうあるべきだったのでしょうか。改善例を見てみましょう。

佐藤さん：私は、○○株式会社△△部□□課の佐藤と申します。当社は、コンピュータの周辺機器やソフトウェアの製造販売を手がけておりまして、最近では携帯電話市場にも参入しております。この度は当社の製品についてお問い合わせをいただきまして、誠にありがとうございます。すでに当社の製品について情報を収集していただいているとお伺いしておりますので、本日は御社にお勧めしたい新製品Eについて詳しくご説明したいと思います。まずは、お手元の資料の○○ページをご覧ください。

お 客 様：なるほど。これならうちの会社にもすんなり導入できそうですね。この製品は標準仕様を変更することもできるのですか？

佐藤さん：はい。一部ではありますが、御社のご要件に合わせて変更することも可能です。ただし、別途費用がかかります。コストを重視されるお客様にはコンサルテーションサービスもご用意しておりまして、標準仕様で対応

	可能な範囲を正確に見極めることができます。詳しいサービス内容はお手元の資料の中にありますので、合わせてご検討ください。
お 客 様：	そうそう、大事なことを聞いておかなくちゃ。導入実績を教えていただけますか？それと、導入にあたっては、どのようなリスクが考えられるのでしょうか？
佐藤さん：	新製品ですので実績はこれからという段階ですが、製品Cの後継製品であることから、すでにたくさんの引き合いをいただいています。ちなみに製品Cは、国内で約300社の実績があります。それから2つ目のご質問のリスクについてですが、導入時および運用時に想定されるリスクを資料の○○ページにまとめておきました。簡単にご説明いたしましょう。…

> 相手の知りたいことに的確に答えられると、ずいぶん印象が違いますね。佐藤さんの例からもわかるように、一夜漬けの準備ではプレゼンテーションを成功させることはできません。説得力のあるプレゼンテーションのポイントは、聞き手の心をつかんで離さないこと。入念な準備を行い、相手の目を見て話せるぐらいの余裕と自信を持って臨むようにしたいものです。

まとめ

このステップでは、次のような内容を学習しました。
理解できたかどうか、☑印を付けてチェックしてみましょう。

- ☑ プレゼンテーションとは何かを理解した
- ☑ プレゼンテーションの企画から実施までの流れを把握できた
- ☐ 事前の入念な準備の重要性を理解した
- ☐ 資料を使って聞き手を説得することができる
- ☐ 当日のプレゼンテーションの進め方を理解した
- ☐ 聞き手のマナーを理解した
- ☐ 目的に合わせてビジュアルツールを使い分けることができる
- ☐ 説得力のあるプレゼンテーションのポイントを理解した

Step 7
ビジネスマナーを身に付けよう

Try ▶	ビジネスにもマナーがあるの？	……… 130
Study ❶ ▶	ビジネスマナーって何？	……………… 131
Study ❷ ▶	ビジネスマナーの基本は外見から	……… 133
Study ❸ ▶	立ち居振舞いにも気を付けよう	………… 138
Study ❹ ▶	就業中のルールを守ろう	………………… 142
Try Again ▶	もう一度ビジネスマナーについて考えよう	… 146

Try
ビジネスにも
マナーがあるの?

会社の雰囲気にもだいぶ慣れてきた佐藤さんと秋本さん。新入社員だからと必要以上に緊張することなく、肩の力を抜いて落ち着いて行動できるようになってきました。二人がやってきたのは、部署内の打ち合わせスペース。上司から任された仕事について話し合っています。

人は自分の置かれた環境に慣れてくると、ついつい気が緩みがちになります。これは新入社員に限ったことではありませんが、初心を忘れてはいけません。打ち合わせ中の二人には少し緊張感が足りないようですね。どのような態度や言動を反省すべきなのか、問題点を探してみましょう。

昨日この仕事がふってこなけりゃ、今日は体調不良ってことにして休もうと思ったのになぁ

なんかいい考えが全然浮かばな〜い

Study ❶
ビジネスマナーって何?

人としての基本的な常識があり、正しいマナーを心得ていると、相手に好印象を与えるだけでなく、社会人として高い評価を得ることができます。仕事を進める上で必要不可欠なマナーについて考えてみましょう。

❶ ビジネスマナーは暗黙のルール

　「ビジネスマナー」とは、社会人としてのマナーを指し、会社の上司や先輩、同僚、取引先、顧客など、さまざまな人とコミュニケーションを取ったり、来社したお客様の応対をしたりするときに必要なものです。暗黙のルールといってもよいでしょう。新入社員はもちろんのこと、中堅社員もときどき初心に立ち返り、自分の言動やマナーを振り返ってみることが大切です。

　社会人に求められる基本的なビジネスマナーには、次のようなものがあります。

- 清潔感のある服装や身だしなみ
- 美しい立ち居振舞い(歩き方、立ち方、座り方など)
- 場面に応じた適切なあいさつとおじぎ
- 場面や相手に応じた正しい言葉づかい
- 正しい勤務態度
- 相手に不快感を与えない電話応対
- 基本的なビジネスメールやビジネス文書の作成

❷ ビジネスマナーの必要性

　なぜ、ビジネスマナーを身に付ける必要があるのでしょうか。

　人は、一般的に物事の大半を視覚でとらえた情報から判断しています。たとえば、人に会ったときは、まず服装や身だしなみ、表情、立ち居振舞いなどを通して、その人の性格を想像します。また、聴覚でとらえたその人の言葉づかいや声のトーンなどから、「信頼できそう」「やる気がなさそう」「感じが悪い」といった印象を持ちます。これらは、その人の性格や背景などを知る前に感じるもので、いわゆる「第一印象」と呼ばれるものです。

ビジネスにおいても、第一印象が重要です。外見や態度、言葉づかいひとつで、その人の印象が大きく変わります。相手の顔が見えない電話やメールでのやり取りにおいても、それは同じことです。

　人は、外見や態度、言葉づかいを通して、問題なく受け入れられると判断して、はじめて相手の話に耳を傾けようという気持ちになるものです。相手に受け入れてもらうためには、「**外見**」「**態度**」「**言葉づかい**」という3段階の壁があると考えましょう。これらを無事にクリアできれば、相手に聞こうという態勢が整い、自分が伝えたい内容を相手の心に届けることができるようになります。

　つまり、ビジネスマナーは、相手に信頼感や安心感を与えるための最低限守るべきルールであり、仕事でさまざまな人とコミュニケーションを取る上で必要不可欠なものなのです。ビジネスマナーを身に付けていないと、相手に不愉快な思いをさせたり、失礼な言動から思わぬ失敗を招いたり、大事な場面で恥をかいたりする可能性があります。相手を思いやる気持ちを忘れないようにして周囲の人たちと接するように心がければ、自然と、外見や態度、言葉づかいにも注意深くなるはずです。

　また、会社の外に出れば、一人一人が会社の顔です。組織の一員として、自分の態度や言動が、そのまま会社のイメージや評価につながるということをしっかりと認識しておく必要があります。

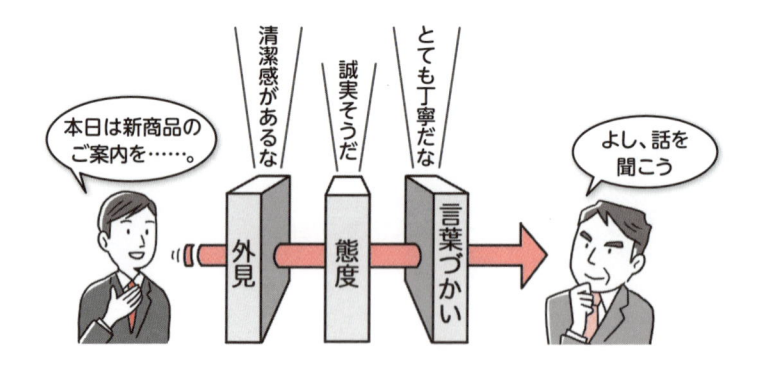

ここがポイント!

マナーは一日して成らず

「無くて七癖」といいますが、無意識のうちに相手に不快な印象を与えてしまうこともあります。「髪の毛を頻繁に触る」や「貧乏揺すり」など、自分にとって当たり前になっている習慣やちょっとした癖が、大切なお客様の前で出てしまわないように意識することが大切です。日ごろから自分の習慣や癖をチェックし、改善する努力をしましょう。

Study ❷
ビジネスマナーの基本は外見から

人に会ったとき、言葉を交わす前に、まず外見からその人のことを判断しようとします。相手からの印象をよくするためには、どのようなことに気を付ければよいのかを把握しておきましょう。

❶ 好感を持たれる服装と身だしなみ

　ビジネスマナーの第一歩は、まず「身だしなみ」を整えることから始まります。身だしなみは、個性的であることを目指したり、最先端の流行を取り入れたりする「おしゃれ」とは違います。

　個性を出したいという気持ちもわかりますが、ビジネスにおいては、立場や場所などをわきまえ、周囲の人に不快感を与えないような身だしなみを心がけることが大切です。ポイントになるのは、まず何よりも清潔感があることです。次に、周囲との調和が取れていて、機能的であることです。

　好感を持たれる服装と身だしなみは、次のとおりです。

❶ ひげ
剃り残しのないようにきちんと剃っている。

❷ ワイシャツ・ブラウス
襟や袖口の汚れ、ほころび、シミ、シワがなく、ボタンも取れかかっていない。色、柄が派手すぎない。

❸ ネクタイ
色、柄が派手すぎず、スーツと調和している。曲がったり、汚れたりしていない。

❹ ズボン
ほころびや汚れなどがなく、折り目がきちんと付いている。ベルトがカジュアルすぎない。

❺ 靴下
清潔で、すり切れたり、穴があいたりしていない。服装と調和している。

❻ 髪
長すぎたり、色が明るすぎたりせず、清潔感があり、きちんと整えられている。

❼ 上着
色やデザインが派手すぎたり、カジュアルすぎたりしない。ほころび、シミ、シワがない。

❽ 手
爪がきれいに整えられている。マニキュアは派手すぎない。

❾ カバン
仕事に適したデザインや大きさであり、服装と調和している。名刺は名刺入れに入れて携帯している。

❿ 靴
色やデザインが派手すぎることなく、きちんと磨かれており、かかともすり減っていない。

⓫ 化粧
清潔感があり健康的な印象のメイクをしている。香水はきつすぎない。

⓬ アクセサリー
邪魔にならないもので、派手すぎない。

⓭ スカート
丈が短すぎず、裾がほつれていない。

⓮ ストッキング
素足でなく、色や柄が派手すぎないストッキングを履いている。伝線していない。

ビジネスにふさわしいスーツの選び方

ここがポイント！

第一に体形にフィットしていることが大切です。だぶついていたり、丈が合っていなかったりすると、だらしない印象を与えてしまいます。また、デザインよりも機能的であることを重視しましょう。

男性の場合は、3つボタンのシングルスーツが一般的です。派手なストライプ柄やチェック柄、極端に細身のスーツなどは避けた方がよいでしょう。女性の場合は、体のラインを必要以上に強調するようなデザインや、肌の露出が多いデザインは避けるようにします。パンツスーツは、特にフォーマルな場でない限りは問題ありません。

具体的には、次のような点を基準に選ぶとよいでしょう。
- グレーや紺などダーク系の地味な色合いのもの
- 素材や縫製がしっかりしていて形がくずれにくいもの
- 袖丈や裾丈が短すぎたり長すぎたりしないもの
- 体形に合っていて適度に動きやすいもの

ビジネスにふさわしいシャツの選び方

ここがポイント！

一番無難なのは、白いシャツです。カラーシャツの場合、暖色系は派手な印象になりやすいため、淡い寒色系のものを選ぶと間違いないでしょう。また、スーツとのバランスを考慮することも大切です。ストライプ柄やチェック柄などのシャツを選ぶ場合は、ラインが細く、遠目には無地に見えるようなものを選びます。

❷ 軽装のポイント

最近、会社の受付などで、「当社はクールビズを励行しておりますので、社員がお客様を軽装でお出迎えする場合がございます。あらかじめご了承ください」といった断り書きを目にする機会が増えてきました。また、週に1回のカジュアルデーを設けている会社や、スーツの着用が義務付けられていない会社もあります。このような場合は、それぞれの会社のルールに従って適切な服装を選ぶことになりますが、軽装が許されている場合でも、相手に不快感を与えないという、身だしなみの基本は共通です。

代表的な軽装のポイントは次のとおりです。

● クールビズ

　「クールビズ」とは、地球温暖化防止対策の一環としての取り組みで、冷房時の室温が28度でも汗をかかずに効率的に仕事ができるビジネススタイルのことです。ノーネクタイ、ノージャケットが基本スタイルです。

　会社全体でクールビズが励行されている場合には、クールビズスタイルで出社しても失礼にはあたりません。ただし、顧客先への訪問や来客などが予定されている場合には、ジャケットやネクタイなどを着用するようにします。いつ何があってもいいように、職場では着用しなくても、ジャケットやネクタイはロッカーに常備するか、持参するようにしておくとよいでしょう。

ここがポイント！

秋冬の地球温暖化対策「ウォームビズ」

クールビズは春夏のビジネススタイルですが、秋冬のビジネススタイルとして、ウォームビズも普及しつつあります。これも地球温暖化防止対策の一環であり、暖房時の室温を20度に設定するための取り組みです。スーツのジャケットの代わりに、ニットやカーディガンを羽織ったり、インナーウェアを重視したりして、必要以上に暖房の温度を高めなくても快適に過ごせるように工夫します。

● カジュアルデー

「カジュアルデー」とは、スーツ以外の自由な服装で出社しても許される日のことです。もともと、このカジュアルデーには、社員の柔軟な発想を引き出そうとの狙いもあるため、普段はできないおしゃれを楽しむのもよいのですが、カジュアルという言葉のとらえ方は、会社によっても、個人によってもさまざまです。したがって、あくまでも周囲との調和を考えながら、極端にカジュアルすぎない服装を心がけましょう。先輩に相談するのもひとつの方法です。

また、クールビズと同じで、たとえカジュアルデーでも、自分のその日の予定に合わせてスーツで出社するかどうかを判断することが重要です。また、特に来客の多い会社では、来客の予定がない社員も、常にお客様の目を意識するようにします。

次のようなことに注意して、適切な服装を選びましょう。

- 極端に肌を露出させない
- アクセサリーが邪魔になったり派手すぎたりしない
- 半ズボンやランニングシャツなどは避ける
- 素足にはくサンダルやミュールなどは避ける
- 派手すぎるネイルアートやつけ爪は避ける

Study ❸

立ち居振舞いにも気を付けよう

外見の壁をクリアしたら、次は態度の壁が待っています。立ち居振舞いの基本を身に付けて、相手に好印象を与えられるようになりましょう。

❶ 美しい立ち方

「**立ち居振舞い**」とは、普段、人が当たり前のように行っている、立ったり座ったりといった日常の動作（身のこなし）のことです。人と接するときは、相手の立場や役割に応じて、失礼のないように振舞わなければなりません。美しい立ち居振舞いは、相手に自分を印象付けるアピールポイントにもなります。

美しい立ち方は、立ち居振舞いの基本です。正しい立ち方ができないと、正しく歩いたり座ったりすることができません。鏡を見て自分の立ち方を確認してみるとよいでしょう。

美しい立ち方のポイントは、次のとおりです。

- 背筋を伸ばして立つ
- あごを引き、胸をはり、おなかを出さない
- 肩の力を抜いて、左右の高さを揃える
- 男性は指先をまっすぐに伸ばし、女性は左手を上にして手を揃える
- つま先を30～60度開く

❷ 美しい歩き方

　正しい歩き方を身に付けると、周囲の人たちによい印象を与えるだけでなく、体のバランスがよくなり疲れにくくなります。

　通路やエレベーターホールなど、多くの人が行き交うような場所では、周囲に目を配りながら歩くことも必要です。書類などに視線を落としていると、人とぶつかったり、通行の妨げになったりする場合があります。目線はしっかりと進行方向を見据えて、正しい姿勢で歩きましょう。

　美しい歩き方のポイントは、次のとおりです。

- 背筋を伸ばして歩く
- あごを軽く引き、ひざを伸ばす
- 肩をゆすって歩かない
- 足を引きずったり、大きな足音を立てたりしない
- 体の重心を前方にかけて、テンポよく歩く
- 歩くスピードが極端に速すぎたり、遅すぎたりしないように周囲に目を配りながら、適度なスピードを保つ

❸ 美しい座り方

　椅子に座るとホッとして、ついつい姿勢がくずれやすくなります。姿勢が悪いと、だらしなく見えるだけでなく、疲れの原因となり、肩こりや腰痛など、体にもさまざまな影響を及ぼします。

　また、だらしない姿勢をとっていると、周囲から、やる気がないように受け取られてしまいかねません。特に、人と向かい合って着席するような場合には注意が必要です。椅子の肘かけや背もたれにもたれかかったり、足を組んだりすると、遠慮がなく、いばっているようにも見え、相手に悪い印象を与えてしまいます。

　美しい座り方のポイントは、次のとおりです。

- 背筋を伸ばし、肘かけや背もたれにもたれかからない
- 男性は、ひざを握りこぶしが2つ入る程度開き、手をももの上に置く
- 女性は、ひざを揃えて、手を重ねてももの上に置く

❹ 美しいおじぎ

人と会ってあいさつをするとき、言葉以外に「おじぎ」という動作を伴います。おじぎを加えることで、相手に対してさらに敬意を表すことができます。また、相手や場所、目的などによっても、適切なおじぎの仕方は異なります。どのような場面でも、おじぎは形だけでなく、心をこめて行うことが重要です。

美しいおじぎのポイントは、次のとおりです。

- 背筋を伸ばし、両足を揃える
- 男性は、両手の指先を伸ばしてズボンの縫い目に付ける
- 女性は、両手を前へ自然にすべらせ、軽く体の前で合わせる
- 首を曲げないように気を付けながら、腰から上体を折る
- おじぎをするときは、視線を下に落としながら礼をする
- 頭を上げるときは相手より少し遅めに、ゆっくりと起き上がる

次の3つのおじぎの仕方を覚えて、適切に使い分けられるようになりましょう。

種類	説明	ビジネスシーン
会釈	軽いおじぎ。上半身を軽く15度程度傾ける。	先輩や上司など、1日に何度も顔を合わせるような相手や、通路ですれ違う相手などに対して軽くあいさつをするとき。
敬礼	上半身を30度程度傾ける。	来客に対するあいさつや、来客を出迎えたり、見送ったりするとき。
最敬礼	最も丁寧なおじぎ。上半身を45度程度傾ける。	謝罪や大切なお願いをするとき。

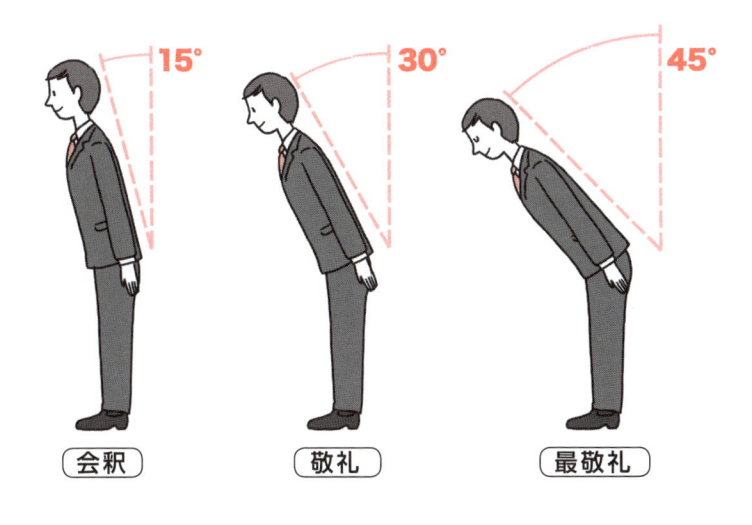

Step 7 ビジネスマナーを身に付けよう

Study ❹
就業中の ルールを守ろう

組織の一員である以上、自分勝手な行動は許されません。就業中のルールにはどのようなものがあるのかを知り、ルールを守って、周囲に迷惑をかけないように配慮しながら仕事をしましょう。

❶ 時間に余裕を持って出社する

　始業時間は出社時間ではありません。仕事をスタートする時間です。したがって、始業時間の少なくとも5分前には在席しているようにします。始業前に朝礼が行われるような会社であれば、朝礼後すぐに仕事に取りかかれるように、さらに余裕を持って出社します。書類の整理や飲み物の準備など、仕事に入る前の準備は、朝礼が終わってからではなく、朝礼の前までに済ませておくべきです。その際に、今日1日の予定や仕事の優先順位などを確認しておくと、効率よく仕事を開始できます。

❷ 遅刻する場合は必ず連絡を入れる

　社会人として、遅刻は望ましくありません。遅刻が多い人は、どんなに仕事ができたとしても、周囲からの信用が下がってしまいます。このことをしっかり認識しておくことが大切です。

　やむを得ず遅れることになった場合は、遅れることが明らかになった時点で、会社に速やかに連絡を入れるようにします。電車やバスなどの交通機関の遅延が理由で遅れるときは、遅延状況や到着予定時刻などを簡潔に伝えます。また、到着予定時刻を大幅に超えるようであれば、再び連絡を入れます。

　日付や曜日、天候などの影響で、交通機関の混雑や遅延が予測される場合には、普段より早めに家を出るように心がけます。事故や遅延が頻繁に発生しているような路線であれば、通勤経路の変更を検討する必要もあるかもしれません。

ここがポイント!

遅刻の原因を公に証明する「遅延証明書」

電車の事故や故障などで、ある一定時間の遅延が発生した場合には、鉄道事業者が駅の改札口などで遅延証明書を発行してくれます。これは、遅刻の原因が本人ではなく、交通機関の遅れにあることを公に証明するものです。必ず遅延証明書を受け取り、出社後に会社に提出しましょう。遅延証明書がないと、正当な理由として認められない場合もあるので注意が必要です。

❸ 休暇はできるだけ計画的に取る

休暇には、事前に申請して計画的に取る休暇と、やむを得ない事情による突然の休暇があります。どちらの場合でも休暇を取得する際には、仕事の状況を見きわめることはもちろん、周囲への気づかいが大切です。取得可能な休暇の種類や日数、申請方法、有給か無給かなどの規程は会社ごとに異なるため、就業規則をよく確認しておきましょう。

休暇には、主に次のような種類があります。

分類	種類	説明
労働基準法に基づく休暇	年次有給休暇	毎年、継続年数に応じて取得可能な日数が加算される有給の休暇。雇用された日から6ヵ月以上継続して勤務し、かつ全労働日の8割以上出勤していることが条件。
	産前産後休暇	母体保護の見地から、産前は出産予定日を含む6週間以内、産後は8週間以内の取得が可能。産前の休暇は本人の請求により付与されるが、産後の休暇は請求の有無に関係なく、就業は不可とされる。
	生理休暇	生理日の就業が困難な女性が請求した場合にのみ付与される休暇。無給か有給かは就業規則に従う。
育児・介護休業法に基づく休暇	育児休暇	男女を問わず、子どもが1歳になるまでに取得可能な休暇。会社側に賃金の支払い義務はない。
	介護休暇	男女を問わず、要介護認定を受けた配偶者や親、子どもの介護のために取得可能な休暇。会社側に賃金の支払い義務はない。
その他	就業規則に基づく休暇	結婚休暇、忌引休暇、傷病休暇、配偶者出産休暇、リフレッシュ休暇、誕生日休暇など。

休暇を取得する際には、次のような点に配慮しましょう。

●事前に申請して取る休暇

休暇を取りたい日が決まったら、早めに申請して仕事のスケジュールを調整し、周囲の理解を求めます。言いづらいからといって直前に申請すると、かえって周囲に迷惑がかかります。忙しい時期は避ける、仕事を先に進めて片づけておく、休暇中の対応を依頼しておくなどの配慮が必要です。

●突然の休暇

当日の朝になって連絡を入れるような突然の休暇は、周囲に迷惑がかかります。突然の休暇が多いと、周囲からの信用が下がるということも認識しておきましょう。

しかし、そうはいっても、体調不良や家庭の事情など、やむを得ない場合もあります。休暇の連絡をする際には、休暇の理由はもちろん、仕事の状況をよく判断した上で、業務の連絡事項があれば必ず伝えておくようにします。

私の体験談

健康管理も大事な仕事のひとつ

大事なコンペが終わった翌日がちょうど休日だったため、私は実に晴れやかな気持ちで友人とスキーに出かけました。しかし、何とも運の悪いことに、私は転倒したはずみで骨折し、入院することになってしまったのです。これがコンペ前の出来事だったら、と思うとゾッとしましたね。代役をお願いしたとしても、引き継ぎや準備もままならず、ビジネスチャンスを逃していたかもしれません。そんなことになったら、悔やんでも悔やみきれなかったことでしょう。その後、受注が決まったとの報告を受け、病室で不幸中の幸いに感謝したことを今でも覚えています。

この経験から学んだのは、健康管理も仕事のひとつだということです。社会人として、けがに注意するだけでなく、睡眠や栄養を十分に取り、常に健康の維持に努めるようにしたいですね。特に、季節の変わり目や残業が続いたときなどは、抵抗力が弱りがち。気を付けたいものです。

❹ 退社時のマナー

　終業時間になり、自分の仕事が終わったら、上司や先輩、同僚など、一緒に仕事をしている人に手伝うことはないかを確認します。ないようであれば、一言あいさつをしてから帰ります。

　先に帰りにくいからといって、仕事がないのにだらだらと残っているのはかえって感心できません。周囲の迷惑になる場合もあります。逆に、用事があるからといって、やるべき仕事を放り出して帰るようでは、仕事に対する責任感が問われます。

　退社時は机の上を片付け、周囲にあいさつをして速やかに帰りましょう。帰る前に翌日の仕事の計画を立てたり、手順を確認したりしておくと、翌日も効率よく仕事を進めることができます。

ここがポイント！
喫煙室での長居もマナー違反と心得る

最近は、公共の場に限らず、社内やビル全体を禁煙にするケースが増えています。たばこを吸いながら仕事をすると、自分だけでなく周囲の人の健康まで害してしまう恐れがあります。喫煙室などの決められた場所で吸うようにしましょう。また、たばこを吸わない人へのマナーとして、喫煙室での長居は禁物です。吸い終わったら、早めに仕事に戻るようにします。

Try Again

もう一度ビジネスマナーについて考えよう

学習した内容を踏まえて、ステップの冒頭で打ち合わせ中だった二人のビジネスマナーをもう一度振り返ってみましょう。

> 打ち合わせの内容は二人にしか聞こえなかったとしても、周囲には上司や先輩の目もあります。同期同士であるという気楽さが態度に出てしまったようですが、重要な仕事を任せた上司が、打ち合わせ中の二人を見てどう思うでしょうか。二人の問題点は、ビジネスマナーを十分に心得ていないことにあります。

二人が見直すべきポイントは、次のとおりです。

❶ **だらしない座り方**
　同期との打ち合わせだからと、つい気が緩んでしまったようですが、だらしない姿勢をとっていると、周囲から、やる気がないように受け取られてしまいかねません。日ごろから、正しい座り方を心がけましょう。

❷ **真剣さの感じられない態度**
　明らかに、打ち合わせに集中していない様子が伺えます。また、公私を混同しているようにも見えてしまいます。打ち合わせ中は、相手の話を中断させる原因にもなるため、携帯電話は電源を切るかマナーモードに設定し、電話に出たりメールを確認したりしないのがマナーです。

❸ **仕事にふさわしくない服装**
　ビジネスにおいては、肌の露出の多い服は避けるべきです。立場や場所などをわきまえ、周囲の人に不快感を与えないような身だしなみを心がけましょう。

❹ **相手の印象を悪くする座り方**
　椅子の肘かけや背もたれにもたれかかったり、足を組んだりすると、遠慮がなく、いばっているようにも見え、相手に悪い印象を与えてしまいます。同期との打ち合わせなら、どんな姿勢でもよいわけではありません。秋本さんと同じで、日ごろから、正しい座り方を心がける必要があります。

❺ **だらしない服の着方**
　クールビズも着こなしが重要です。カジュアルな服装でも、相手にきちんとした印象を与えるように注意しましょう。

❻ **休暇に対する甘い考え**
　突然の休暇は周囲に迷惑がかかることになるため、休暇はできるだけ計画的に取るようにしましょう。また、健康管理も大事な仕事のひとつです。突然の休暇が多いと、だんだん重要な仕事を任せてもらえなくなります。体調不良を理由に休もうという安易な考えは捨てるべきです。

二人の問題点を改善すると、次のような打ち合わせ風景になり、誰が見ても真剣に仕事に取り組んでいることが伺えます。

> 次はB社の件を決めよう
>
> A社の件は私がやっておくわ

第一印象で悪い印象を与えてしまうと、それを覆すことは容易ではありません。ビジネスマナーを身に付ければ、相手に与える印象を確実によくすることができます。日ごろから、相手がどう思うかを考えながら行動するようにしましょう。

まとめ

このステップでは、次のような内容を学習しました。
理解できたかどうか、☑印を付けてチェックしてみましょう。

- ☑ ビジネスマナーとは何かを理解した
- ☑ ビジネスマナーの必要性を説明できる
- ☑ 第一印象をクリアするための3段階の壁を理解した
- ☑ 好感を持たれる服装と身だしなみを理解した
- ☑ 美しい立ち居振舞い方を理解した
- ☑ 就業中のルールについて理解した
- ☑ 休暇を取得する際に配慮すべきことを説明できる

Step 8
言葉づかいで印象を変えよう

Try ▶	どんな言葉づかいが正しいの？	150
Study ❶ ▶	ビジネス会話って何？	152
Study ❷ ▶	言葉づかいと口癖に注意しよう	153
Study ❸ ▶	敬語の使い方を覚えよう	156
Study ❹ ▶	クッション言葉で表現を柔らかくしよう	160
Study ❺ ▶	発声にも気を付けよう	161
Study ❻ ▶	あいさつから始めよう	163
Try Again ▶	もう一度言葉の使い方について考えよう	166

Try
どんな言葉づかいが正しいの?

ビジネスマナーの必要性を理解した佐藤さんと秋本さん。外見や態度は心がけ次第で何とかなっても、言葉づかいは、二人にとって最大の難関です。課長と一緒に顧客先を訪問した佐藤さんですが、まだまだ会話の中にぎこちなさが残っています。

> 社会人になると、急に言葉づかいを意識する機会が増えてきます。しかし、長年の癖というものはなかなか抜けません。佐藤さんの言葉づかいの間違いを探してみましょう。

課　　長：当社の新人をご紹介いたします。将来的に御社を担当させていただくことになると思いますので、よろしくお願いいたします。

佐藤さん：あっ、どうも。ただ今伊藤課長がおっしゃったとおり、今年の春に入社した佐藤賢治と申します。

顧　　客：ほほぉ、期待の新人ですか。がんばってくださいよ。

佐藤さん：御社のお役に立たせていただけるよう、がんばります。

課　　長：さっそくですが、本日は新製品のご案内を申し上げます。佐藤くん、例の資料をお見せして。

佐藤さん：はい。えーっと・・・ちょっと待ってくださいね。課長が出がけにご覧になっていた資料ですかね？んー、これだ、これだ。これが当社の新製品のパンフレットになります。どうぞ拝見されてください。

顧　　客：なるほど、これは興味がありますね。さっそく見積りをもらえませんか？

課　　長：数量はいくつに設定しておけばよろしいでしょうか？

顧　　客：では、金曜日までに連絡します。

佐藤さん：できれば早く連絡していただけますか。
課　　長：そんなに急いでいただく必要もないでしょう。
佐藤さん：っていうか、金曜日はシステムメンテナンスの日で、見積りシステムが使えないんですよねー。
顧　　客：わかりました。では、木曜日の午前中までに連絡しますよ。
佐藤さん：それじゃぁ、そういうことでよろしくお願いしまーす。
課　　長：いつもご無理ばかり申し上げて大変申し訳ありません。では、ご連絡をお待ちしております。

Study ❶
ビジネス会話って何?

自分の伝えたいことを相手の心にしっかりと届けるためには、相手の立場や、その場の状況に応じた適切な言葉づかいが必要になります。ビジネス上の会話にはどのようなことが求められるのかを考えてみましょう。

❶ ビジネス会話の重要性

　「ビジネス会話」とは、ビジネスの場で、周囲の人とコミュニケーションを取るために必要な会話のことです。日常生活の中で使う一般的な会話と区別されるのは、相手との年齢差だけでなく、ビジネス上のさまざまな人間関係をわきまえた上で会話を進めなければならないからです。

　ビジネスでは、自分の好き嫌いでコミュニケーションの相手を選ぶことはできません。どのような人とも円滑な人間関係を築くことが求められるため、さまざまなビジネスシーンに応じた適切な言葉づかいや表現方法を身に付けておく必要があります。

❷ 好感を持たれるビジネス会話

　周囲の人と円滑な人間関係を築くためには、相手に好感をもたれるビジネス会話を身に付ける必要があります。

　次のようなことを心がけると、初めての相手ともスムーズに会話を進めることができます。

- あらかじめ要点を整理し、できるだけ短時間で正確に伝える
- 相手の話にきちんと耳を傾け、正確に理解する
- 必要に応じてその場の雰囲気を盛り上げる
- 相手との関係に応じた適切な言葉を選ぶ
- なれなれしい印象を与えないようにする
- 場所や目的などによって声のトーンを意識的に変える
- 相手の目を見て、いきいきとした表情で会話をする
- 落ち着きのない目の動きや、相手を見据えるような視線、見下したような視線に気を付ける
- 適切なスピードを心がける
- 強調したいポイントなどは身振り手振りを交えて話す

Study ❷

言葉づかいと口癖に注意しよう

言葉は、一度発してしまうと取り消すことができません。何気ない一言で失敗しないように、どのような言葉づかいや口癖に注意すべきなのかを理解しておきましょう。

❶ 適切な言葉づかいを心がける

　相手の立場や、その場の状況をわきまえない言葉づかいは、相手に不快感を与えるだけでなく、社会人としての常識を疑われてしまいます。ビジネスでは、家庭やプライベートで当たり前に使っている言葉でも、通用しないことがあるので注意が必要です。普段から言葉づかいに注意を払い、正しい使い方を心がけていないと、大事な場面で思わず不適切な言葉づかいが出てしまいます。
　次のような言葉づかいをしないように気を付けましょう。

● **流行言葉やなれなれしい言葉づかい**

相手に、けじめのないふざけた印象を与えてしまいます。

誤った例）

「違うっていうか…。」
「こちらの商品になっちゃいますね。」
「それじゃぁ…。」
「マジですか。」

⬇

正しい例）

「○○ではなく、△△です。」
「こちらの商品になります。」
「それでは…。」
「さようでございますか。」

● 相手を見下した言葉

相手が責められているように感じ、怒らせてしまう可能性があります。

誤った例)

> 「まだできませんか。」
> 「早くいただけますか。」

↓

正しい例)

> 「もう少し時間がかかりそうでしょうか。」
> 「早めにいただくことは可能でしょうか。」

● 丁寧すぎる敬語

必要以上に丁寧な敬語は、かえって耳障りです。

誤った例)

> 「お店で販売させていただいております。」
> 「お教えしていらっしゃいます。」

↓

正しい例)

> 「お店で販売いたしております。」
> 「教えていらっしゃいます。」

● 指示語

「あれ」「これ」「それ」など、何を指すのか不明瞭な表現は避けましょう。正しく伝わらなかったり、誤解を招いたりします。

誤った例)

> 「あのときの話ですよ。」
> 「この前お渡ししたあれはいかがでしたか。」

↓

正しい例)

> 「○○月○○日の会議で出た話です。」
> 「水曜日の打ち合わせで配布した資料はいかがでしたか。」

● あいまいな言葉

言葉の意味をにごすと、自分の発言に責任を持たないかのような印象を与えてしまい、相手を不安にさせ、信用をなくす可能性があります。

誤った例）

> 「番号を間違えたのかもしれませんね…。」
> 「お渡ししたような気がするのですが…。」

正しい例）

> 「番号を間違えてしまったようです。」
> 「確かにお渡ししたはずです。」

❷ できるだけ口癖をなくす

口癖が頻繁に出てくると、相手も気になってしまい、理解の妨げになります。口癖は極力なくすように努めましょう。

主な口癖が与える印象と改善方法は、次のとおりです。

口癖	印象	改善方法
そうですねー	聞き流されているような印象	・語尾を伸ばさない ・「そうですよね」「同感です」と表現のバリエーションをつける
〜です? 〜ですかね? 〜なんでぇー	ラフな印象	・「〜ですか」「〜なので、〜です」と丁寧に表現する
えー えーっと あのー	歯切れの悪い印象	・不要な言葉なので、使用しない ・クッション言葉に置き換える
あっ	自信のなさそうな印象	・ゆっくり落ち着いて、間を作りながら話す
ちょっと	ラフな印象	・他の言葉（「少々」「少し」など）に置き換える
〜のほう 〜というかたち	文章がまわりくどく、意味がぼやける	・不要な言葉なので、使用しない
っていうか うん んー	なれなれしく、幼い印象	・不要な言葉なので、使用しない ・他の言葉（「はい」「いいえ」など）に置き換える
わたし的には	私的な印象	・不要な言葉なので、使用しない

Study ❸

敬語の使い方を覚えよう

ビジネスでは、年齢や立場が上の人との会話が避けられません。敬語の使い方を間違えると、自分だけでなく、自分と一緒にいる上司や先輩にまで恥ずかしい思いをさせることになります。日ごろから正しい敬語の使い方を意識して、自信を持って会話できるようにしておきましょう。

❶ 敬語の種類

「敬語」とは、相手を敬う気持ちを表現するための言葉で、円滑な人間関係を築く上で重要な役割を果たします。敬語を正しく使えるかどうかは、その人の社会人としての常識をはかる尺度にもなります。状況に応じて、ごく自然に、正しい敬語を使い分けられるようになることが大切です。

敬語には、大きく分けて「尊敬語」「謙譲語」「丁寧語」の3つがあります。

種類	説明	例
尊敬語	相手の動作を自分より高めて表現する言葉	言われる、お帰りになる、いらっしゃる、ご覧になる
謙譲語	自分の動作をへりくだって表現する言葉	お知らせする、ご説明する、参る、拝見する、申し上げる
丁寧語	品のよい丁寧な気持ちを表現する言葉	そうです、ございます、お名前、ご出席

❷ 代表的な敬語の使い方

代表的な敬語の使い方は、次のとおりです。

通常の言葉	尊敬語	謙譲語	丁寧語
言う	おっしゃる 言われる	申す 申し上げる	言います
する	なさる される	いたす	します
いる	いらっしゃる おいでになる	おる	います
行く	いらっしゃる	伺う	行きます
来る	おいでになる お越しになる お見えになる	参る	来ます

通常の言葉	尊敬語	謙譲語	丁寧語
見る	ご覧になる	拝見する	見ます
聞く	お聞きになる	伺う 承る 拝聴する	聞きます
食べる	召し上がる	いただく	食べます
もらう	もらわれる	いただく	もらいます
与える	与えられる	差し上げる	あげます
思う	思われる おぼしめす	存ずる	思います
知る	ご存じ	存じ上げる	知っています
会う	お会いになる	お会いする お目にかかる	会います

❸ 接遇用語の使い方

　ビジネス会話で身に付けておきたい重要な言葉づかいに、「**接遇用語**」があります。接遇用語とは、接客用の言い回しのことで、お客様に対して敬意を表するために使われます。接遇用語を使うことで、会話に気持ちよく耳を傾けてもらえるだけでなく、相手の満足度を高めることができます。丁寧で柔らかい表現が特徴ですが、場合によっては事務的に聞こえてしまうため、心をこめて自然に使えるようになりましょう。

　代表的な接遇用語は、次のとおりです。

通常の言葉	接遇用語
わたしたち	わたくし、わたくしども
だれですか	どなた様（どちら様）でしょうか
男の人、女の人、○○会社の人	男の方、女の方、○○会社の方
ありません	ございません
できません	いたしかねます
わかりません	わかりかねます 存じません
わかりました	かしこまりました 承知いたしました
ごめんなさい	申し訳ございません 失礼いたしました
そのとおりです	ごもっともでございます
せっかく来てくれたのに	わざわざお越しくださいましたのに

通常の言葉	接遇用語
ちょっと待ってください	少々お待ちください
お待ちどうさま	大変お待たせいたしました
いま確認してきます	ただ今確認してまいります
してもらえませんか	していただけませんでしょうか
来てください	おいでください お越しください お運びください
また来てください	もう一度ご足労願えませんでしょうか
なんの用ですか	どのようなご用件でしょうか
なんとかしてください	ご配慮願えませんでしょうか
今、席にいません	ただ今、席をはずしております
どうでしょうか	いかがでしょうか
言っておきます	申し伝えます
こちらから行きます	こちらからお伺いいたします

❹ 気を付けたい敬語の使い方

敬語は慣れないと難しいものですが、使い方を間違えると恥ずかしい思いをします。気を付けたい敬語の使い方には、次のようなものがあります。

●二重敬語

2つの敬語を重ねて使うのは間違いです。

誤	正
お客様がおいでになられました	お客様がおいでになりました
ご覧になられましたか	ご覧になりましたか
お話しになられる	お話しになる

●尊敬語と謙譲語の混在

1つの文章の中で尊敬語と謙譲語を同時に使うのは間違いです。

誤	正
ご拝見願います	ご覧になってください
お名前を申してください	お名前をおっしゃってください
お客様が伺われました	お客様がいらっしゃいました

ビジネス会話における敬語の基本

社内で上司や先輩に対して敬語を使うのは当たり前ですが、社外の人に自社の人間のことを話すときは、敬語は使わないようにします。また、お客様や他社の人と話をするときは、相手が年下であっても常に敬語を使うようにしましょう。

その他にも、次のような点に注意します。

- 他社に対しては「御社」「貴社」を使い、自社に対しては「当社」「弊社」を使う
- 社外の人に対して自社の役職者は「役職名＋名前（例：部長の○○）」、顧客や取引先の役職者は「役職名＋名前＋様（例：社長の○○様）」で呼び、役職名に敬称は付けない

> 先日、おたくの社長様がうちの会社に来ていましたよ

✕

> 先日、御社の○○様が当社にお見えになりました

○

Study ❹

クッション言葉で表現を柔らかくしよう

ビジネス会話においては、相手に聞く態勢を取ってもらうための工夫も必要になります。クッション言葉を覚えて、会話をより円滑に進められるようになりましょう。

❶ クッション言葉は会話の潤滑油

「クッション言葉」とは、何かをお願いしたり断ったりするときに、単刀直入に「〜してください」とか「わかりかねます」と言うのではなく、「お手数ですが」とか「申し訳ありませんが」などと、相手の気持ちに配慮して頭に付ける言葉のことです。相手の印象を柔らかくするという意味で、クッションという言葉が使われており、ビジネス会話において潤滑油のような役割を果たします。相手に対して考える「間」を与えることができるだけでなく、自分の口癖を減らす工夫としても活用できます。

❷ クッション言葉の使い方

代表的なクッション言葉の使い方は、次のとおりです。

クッション言葉	あとに続く用語の例
さしつかえなければ もしよろしければ	日中の連絡先を教えていただけますでしょうか
失礼ですが 失礼とは存じますが	お名前をお伺いしてもよろしいでしょうか
お手数ですが お手数をおかけしますが	必要書類をご返送いただけますでしょうか
恐れ入りますが 恐縮ではございますが	もう一度お願いいたします
申し訳ございませんが 残念ながら	○○日は満席でございます
誠に申し上げにくいのですが	返品をお受けすることはできかねます
誠にいたりませんで 私どもの力不足で	ご意向に添いかねる結果になり、心よりお詫び申し上げます
お恥ずかしい次第ではございますが 心苦しい限りですが	発売は延期となりました

Study ❺
発声にも気を付けよう

どんなに正しい言葉づかいができても、相手にはっきりと聞こえなかったり、聞き取りにくかったりするようでは意味がありません。相手にきちんと伝わるように話すコツを身に付けましょう。

❶ 聞き取りやすい話し方

　会話はキャッチボールにたとえられるように、相手に聞き取りにくくては会話が成立しません。内容を相手にきちんと受けとめてもらうためには、聞き取りやすい発声をすることが重要です。

　具体的には、次のようなことを心がけます。

●元気に大きな声で話す

　大きな声は、積極的で自信に満ちた印象を与えます。ここでいう大きな声とは大声とは違います。相手との距離感や聞き手の人数を踏まえた適切な大きさの声という意味です。小さい声は、消極的でいかにも自信がなさそうな印象を与えてしまい、相手に不信感を抱かせてしまう可能性があります。声が小さい人は意識して大きな声を出すようにしましょう。

●言葉をはっきりと話す

　言葉は、相手が聞き取れるように明瞭に話すことが大切です。ボソボソとはっきりしない話し方では、相手は聞き取ることができず、何を言いたいのかを理解できません。相手は話を中断して、何度も聞き返さなければならなくなります。これではスムーズに会話が進みません。

　また、内容に自信がないときは、語尾をにごしたり、語尾だけが消え入りそうな小さな声になったりしがちです。日本語は文末で、肯定か否定なのかを判断する言語であるため、語尾がはっきりしないと、何を言いたいのかを判断しにくくなります。語尾まではっきりと話すようにしましょう。

●聞き取りやすいスピードで話す

　早口でまくし立てると、相手は落ち着かず、話の内容が十分に伝わらないことがあります。相手のペースに合わせて、聞き取りやすい適度なスピードで話しましょう。

Step 8 ▼▼▼ 言葉づかいで印象を変えよう

● 声のトーンに気を付ける

　高い声は明るい印象を与えますが、幼く、頼りない印象を与えてしまうこともあります。また、甲高い声は、相手を疲れさせてしまう可能性があります。声が高い人は、意識して少し抑え気味にするとよいでしょう。

　一方、低い声は落ち着いた印象を与えますが、場合によっては、暗くて消極的な人であると思われてしまいかねません。声がこもりやすく、何を話しているのか聞き取れないこともあります。声が低い人は、声がよく通るように、日ごろから口を大きく開けて発声する練習をしましょう。

❷ 正しい発声のコツ

　正しい発声ができていないと、声が小さくなったりかすれたりします。
　次のようなポイントを押さえて、正しい発声を身に付けましょう。

● 姿勢を正す

　下を向くと声門（声帯の間にある隙間）が狭められてしまうため、できるだけ正しい姿勢で声を出すようにします。

● 腹式呼吸を使う

　「腹式呼吸」とは、吸いこんだ息がおなかに集まる状態のことをいいます。腹式呼吸をマスターすると、声が響くようになり、大きく堂々とした声で話せるようになります。また、喉が痛くなったり声がかすれたりするのを防ぐことができます。

ここがポイント！

滑舌（かつぜつ）を鍛える

「滑舌」とは、口の動きを滑らかにすることです。滑舌を鍛えると、はっきりと聞き取りやすい発音ができるようになります。滑舌を鍛えるためには、早口言葉のトレーニングが効果的です。次のような早口言葉を使って、練習しましょう。
- 生麦生米生卵
- 隣の客はよく柿食う客だ
- 赤まきがみ　青まきがみ　黄まきがみ
- お綾や　お母上に　お謝りなさい
- 歌唄いが来て　歌　唄えというが　歌唄いぐらい　歌　唄えれば唄うが　歌唄いぐらい　歌　唄えぬから　歌　唄わぬ
- 東京特許許可局

Study ❻

あいさつから始めよう

人との出会いはもちろん、会社の一日も、あいさつから始まります。当たり前のことと軽く考えがちですが、あいさつひとつで相手の印象も変わります。ビジネス会話におけるあいさつの重要性について、改めて考えてみましょう。

❶ あいさつの重要性

　一番身近で簡単なコミュニケーションの方法が「あいさつ」です。あいさつには、円滑な人間関係を築くための潤滑油のような役割があります。気持ちのよいあいさつは、相手に爽快感を与え、温かく迎え入れてもらうことができます。

　私たちは、日常生活のいろいろな場面で、さまざまなあいさつを使い分けています。職場におけるあいさつには、次のようなものがあります。

場面	あいさつ
朝、出会ったとき	おはよう おはようございます
お客様に出会ったとき	いつもお世話になっております
別れるとき	失礼いたします さようなら
外出するとき	行ってきます 行って参ります
外出を見送るとき	行ってらっしゃい 行ってらっしゃいませ
外出から戻ったとき	ただいま ただいま戻りました
外出から戻った人を迎えるとき	お帰りなさいませ お疲れさまです
帰宅するとき	お先に失礼いたします
帰宅を見送るとき	お疲れさまでした

Step 8 言葉づかいで印象を変えよう

❷ 効果的なあいさつ

あいさつは、相手の心に届いて初めて、意味のあるものになります。

相手の心に届く効果的なあいさつをするためには、次のようなことを心がけましょう。

● 自分から率先する

あいさつの基本は、自分から相手に働きかけることです。相手からあいさつされるのを待っているのではなく、自分から進んであいさつをしましょう。

● 元気よくはっきりとした口調

声が出ていないと、相手に気付いてもらえません。最初から最後まで声をきちんと出しましょう。

● 心を込める

あいさつは、口先だけのものになってはいけません。心を込めてあいさつをすると、自然に、表情やしぐさにも気持ちが表れてくるものです。儀礼的にならないように、心を込めてあいさつをしましょう。

● 一言添える

あいさつは、会話のきっかけになります。場面によっては、基本のあいさつに一言付け加えてみましょう。たとえば、「おはようございます。今日は寒いですね」などと、天候や時節に関する一言を添えると、相手からも「おはようございます。ついに雪が降るかもしれませんね」といった返答があるかもしれません。あいさつをきっかけに話題が広がる可能性もあります。

私の体験談

謝罪のつもりが相手を怒らせることもある

「すみません」という言葉は、安易に使ってしまいがちな言葉のひとつですが、私はこの言葉で失敗したことがあります。

顧客から「注文したものと違うものが納品された」というクレームの電話をいただいたときのことです。電話を受けた私は、「すみません。注文されたのはどの製品でしょうか」と答えたのですが、ここでの「すみません」は謝罪の気持ちで使ったつもりでした。

しかし、残念ながら相手には伝わらなかったのです。「失礼なことをしておいて、最初にお詫びの一言もないのか！」と激怒されてしまいました。相手は、「ちょっとお聞きしますが」という意味で解釈されたんですね。「すみません」ではなく、「申し訳ございません。大変失礼いたしました」と言うべきでした。日本語は本当に難しいです。

ここがポイント！

便利なようで気持ちが伝わらない「どうも」

あいさつを「どうも」の一言で済ませていませんか。「どうも」という言葉は、本来なら、その後に「ありがとうございます」や「お世話になりました」といった言葉が続かなければなりません。

「どうも」は便利な言葉ですが、相手にぞんざいな印象を与えてしまうこともあります。できるだけ言葉を省略せずに、丁寧に伝えるようにしましょう。

Try Again

もう一度言葉の使い方について考えよう

学習した内容を踏まえて、ステップの冒頭の佐藤さんのビジネス会話をもう一度振り返ってみましょう。

> まだまだ敬語の使い方に慣れていないせいか、佐藤さんの言葉づかいには不自然な点がたくさんありますね。社内での会話以上に、社外での会話には注意が必要です。

佐藤さんが見直すべきポイントは、次のとおりです。

課　　長：当社の新人をご紹介いたします。将来的に御社を担当させていただくことになると思いますので、よろしくお願いいたします。
佐藤さん：あっ、どうも。ただ今伊藤課長がおっしゃったとおり、今年の春に入社した佐藤賢治と申します。❶
顧　　客：ほほぉ、期待の新人ですか。がんばってくださいよ。
佐藤さん：御社のお役に立たせていただけるよう、がんばります。❷
課　　長：さっそくですが、本日は新製品のご案内を申し上げます。佐藤くん、例の資料をお見せして。
佐藤さん：はい。えーっと…ちょっと待ってくださいね。課長が出がけにご覧になっていた資料ですかね？んー、これだ、これだ。❸これが当社の新製品のパンフレットになります。どうぞ拝見されてください。❹
顧　　客：なるほど、これは興味がありますね。さっそく見積りをもらえませんか？
課　　長：数量はいくつに設定しておけばよろしいでしょうか？
顧　　客：では、金曜日までに連絡します。
佐藤さん：できれば早く、連絡していただけますか。❺
課　　長：そんなに急いでいただく必要もないでしょう。
佐藤さん：っていうか、金曜日はシステムメンテナンスの日で、見積りシステムが使えないんですよねー。❻
顧　　客：わかりました。では、木曜日の午前中までに連絡しますよ。
佐藤さん：それじゃぁ、そういうことでよろしくお願いしまーす。❼
課　　長：いつもご無理ばかり申し上げて大変申し訳ありません。では、ご連絡をお待ちしております。

❶ 上司に対する敬語の使い方

社内で上司や先輩に対して尊敬語を使うのは当たり前ですが、社外の人の前では上司であっても、尊敬語は使わないようにします。

❷ 丁寧すぎる敬語

無理に丁寧な言葉づかいにしようとすると、かえって不自然な印象を与えてしまいます。

❸ なれなれしい言葉づかい

急になれなれしい言葉づかいになっています。ここでも、自社の課長に対して尊敬語を使っています。また、人前でひとり言を言うことは控えましょう。

❹ 顧客に対する敬語の使い方

「拝見する」は自分の動作をへりくだって言うときに使う言葉です。顧客の動作に対しては、尊敬語を使うべきです。

❺ 相手に対する依頼の仕方

命令口調で相手に威圧感を与えてしまいます。クッション言葉を使うとよいでしょう。

❻ 思わず出てしまう口癖

幼い印象を与える不要な言葉は使用しないようにしましょう。また、社内の都合をここで言う必要もありません。

❼ あいまいな表現

ビジネスでは、あいまいな表現は避けるべきです。「それじゃぁ」も不要です。

佐藤さんの言葉づかいを見直すと、次のような会話になります。

課　　長：当社の新人をご紹介いたします。将来的に御社を担当させていただくことになると思いますので、よろしくお願いいたします。

佐藤さん：ただ今課長の伊藤から紹介がありましたとおり、今年の春に入社した佐藤賢治と申します。

顧　　客：ほほぉ、期待の新人ですか。がんばってくださいよ。

佐藤さん：御社のお役に立てるように、がんばります。

課　　長：さっそくですが、本日は新製品のご案内を申し上げます。佐藤くん、例の資料をお見せして。

佐藤さん：はい、課長が出がけに見ていた資料ですね。少々お待ちください。これが当社の新製品のパンフレットでございます。どうぞご覧になってください。
顧　　客：なるほど、これは興味がありますね。さっそく見積りをもらえませんか？
課　　長：数量はいくつに設定しておけばよろしいでしょうか？
顧　　客：では、金曜日までに連絡します。
佐藤さん：大変申し訳ありませんが、できましたらもう少し早めにご連絡いただくことは可能でしょうか。
課　　長：そんなに急いでいただく必要もないでしょう。
佐藤さん：もちろん、難しければ金曜日までで構いません。
顧　　客：わかりました。では、木曜日の午前中までに連絡しますよ。
佐藤さん：ありがとうございます。それでは、木曜日の午前中までにお願いいたします。
課　　長：いつもご無理ばかり申し上げて大変申し訳ありません。では、ご連絡をお待ちしております。

言葉を正しく使うだけで、まったく印象が違うことが、よくわかるでしょう。正しい言葉づかいができるようになると、自信がつき、人前で堂々と話せるようになりますよ。どんな人とも気持ちよく会話できるようになると、仕事も格段に進めやすくなります。

まとめ

このステップでは、次のような内容を学習しました。
理解できたかどうか、☑印を付けてチェックしてみましょう。

- ☑ 適切な言葉づかいのポイントを理解した
- ☑ 口癖が与える印象と改善方法を理解した
- ☑ 尊敬語、謙譲語、丁寧語の使い方を理解した
- ☑ 接遇用語とは何かを理解した
- ☑ クッション言葉の必要性を理解した
- ☑ 正しい発声の仕方を把握できた
- ☑ あいさつの重要性について理解した

Step 9
電話のマナーとコツを身に付けよう

Try ▶ どんな電話の応対が正しいの？	170
Study ❶ ▶ 電話のマナーって何？	172
Study ❷ ▶ こんな電話の応対がGood！	174
Study ❸ ▶ 電話を受けてみよう	176
Study ❹ ▶ 電話をかけてみよう	180
Study ❺ ▶ 電話での決まり文句を覚えよう	182
Study ❻ ▶ シーン別の電話の応対をマスターしよう	185
Study ❼ ▶ 電話によるトラブルを未然に防ごう	189
Try Again ▶ もう一度電話の応対について考えよう	192

Try

どんな電話の応対が
正しいの？

佐藤さんと秋本さんは、言葉づかいや口癖に注意しながら、以前より落ち着いて会話できるようになってきました。それでもまだ、相手の顔が見えない電話では、緊張の連続です。

> 会社の昼休み中に顧客からの電話を受けた秋本さん。電話でのビジネス会話をうまくこなせるのでしょうか。秋本さんの電話応対の間違いを探してみましょう。

秋本さん：はい、○○会社△△部××課でございます。
顧　　客：わたくし、□□会社の山本と申します。いつもお世話になっております。恐れ入りますが、鈴木様をお願いいたします。
秋本さん：少々周りがうるさくて、お電話が少し遠いようです。
顧　　客：□□会社の山本と申しますが、鈴木様をお願いいたします。
秋本さん：課長の鈴木ですね。少々お待ちくださいませ。

秋本さん：（課長の席まで行き）課長、課長、□□会社の方からお電話ですが…。
課　　長：（電話の相手に対して）大変申し訳ございません。少々お待ちいただけますか。
課　　長：得意先からの大事な電話の最中に、なんだね？
秋本さん：お電話中に申し訳ございません。別の方からもお電話が入っています。
課　　長：誰から？

秋本さん：□□会社の…たしか宮本様だったかと…。
課　　長：宮本様？そんな名前の方は知らないよ。こっちも電話中なんだ。あとでかけ直すから用件を聞いておいてくれたまえ。
秋本さん：わかりました。

秋本さんは相手の名前を聞き間違えてしまったようですね。原因はどこにあるのでしょうか。続いて、お待たせした相手への応対を見てみましょう。

秋本さん：もしもし、こちらからかけ直すので用件を聞いておくようにとのことです。
顧　　客：そうですか。少々複雑な話なので、またかけ直します。ついでで申し訳ないのですが、◇◇部にこの電話をまわしていただけないでしょうか。
秋本さん：ただいま当社は昼休み中ですので、13時以降におかけ直しいただく方が確実ではないかと思いますが。
顧　　客：そうですか。では、少々急ぎの用件なので直接かけてみることにします。
秋本さん：それでは、よろしくお願いいたします。失礼いたします。

不親切な会社だな…

Study ①

電話のマナーって何?

電話では、相手がどんな人なのか、外見や表情で判断することができません。相手に対して失礼のないよう、電話のマナーをしっかり身に付けて、落ち着いて応対できるようになりましょう。

❶ 会社の評価を左右する電話応対

　電話はコミュニケーションを円滑にするための便利なツールですが、相手の顔が見えないため、ちょっとしたことがきっかけでトラブルに発展しかねません。話し方ひとつで、相手に不愉快な思いをさせたり、誤解を招いたりする可能性があり、場合によっては、会社のイメージや評価を損ねる原因になります。したがって、対面しているとき以上に緊張感を持ち、相手に対する配慮を忘れないようにすることが大切です。

　電話のマナーも、社会人として身に付けておくべき重要なビジネスマナーのひとつです。常に自分は会社の顔であるということを認識し、失礼のない電話応対を心がけましょう。

❷ 正しい電話応対のポイント

　正しい電話応対のポイントは、次のとおりです。

●第一印象

　電話でも、第一印象はとても大切です。声のトーンや抑揚を工夫し、できるだけ明るくあたたかい声で応対するように心がけます。相手に「明るい」「感じがよい」といった印象を与えることができれば、そのあとのやり取りや仕事も進めやすくなります。

●気持ちのよい応対

　黙っていると、聞いているのかどうか、あるいは自分の声が聞こえているのかどうかと、相手も不安になってしまいます。相手の話やペースに合わせ、適切なタイミングであいづちを打つと、テンポよく会話を進めることができ、相手も安心して話に集中することができます。

●失礼のない応対

　電話の応対においては、正確さとスピードを重視するようにします。用件や重要なポイントは必ずメモを取って復唱し、相手に何度も説明させたり、聞き間違えたりすることのないようにしましょう。
　電話の印象を著しく悪くする行為には、次のようなものがあります。

- 名前を名乗らない
- 基本的なあいさつがない
- 正しい言葉づかいや敬語を心得ていない
- 保留にせずに担当者に代わる
- 長い時間保留にして待たせる
- 電話している人の周囲で大声を出す
- 誤解されるような笑い声を立てる
- 何度も同じことを繰り返し聞く
- 複数の担当者間で転送する（たらい回し）

ここがポイント！

心得ておくべき携帯電話のマナー

最近では、ビジネスシーンでも携帯電話が手離せなくなりつつありますが、場所や時間をわきまえないと、相手に迷惑をかけることになります。次のような点に注意しましょう。

＜相手の携帯電話に電話をかけるとき＞
- 緊急の用件でない限り電話を控える
- 相手の状況を確認してから話を始める
- 手短に用件を伝えるようにする

＜携帯電話から電話をかけるとき＞
- やむを得ない場合以外は、会議中や商談中の使用は避ける
- 電波が不安定な場所からの電話は避ける
- 公共の場では周囲に配慮し、重要な話は避ける

＜携帯電話で電話を受けるとき＞
- 会議中や商談中などは携帯電話をマナーモードにしておく
- 公共の場では周囲に配慮し、重要な話は避ける
- 電車の中などではマナーモードにするか電源を切るようにする

Study ❷
こんな電話の応対がGood!

電話では相手の声だけが頼りです。相手に、電話応対が丁寧で感じがいい人だと思ってもらえると、お互いが話しやすくなります。相手に好感を持ってもらうためには、どのような話し方をすればよいのかを考えてみましょう。

❶ 好感を持たれる音声表現

「音声表現」とは、音声を通じて明るさや誠実さを伝えるための表現方法のことです。電話では、さまざまな音声表現を駆使して、相手に笑顔を感じさせるような電話応対を心がけることが大切です。

音声表現には次のようなものがあります。音声表現のポイントを押さえて、好感を持たれる話し方ができるようになりましょう。

●声の大きさ

声が大きすぎると、威圧的な印象を与える恐れがあります。逆に声が小さすぎると、情報が正しく伝わりません。また、相手に自信がなさそうな印象を与えてしまう可能性があります。

●話すスピード

早口な人は、一方的な印象を与え、相手は追い立てられるように感じてしまいます。また、スピードについていけず、正しく理解できなかったり、聞き取れなかったりする原因となります。逆にゆっくりすぎると、相手をイライラさせる可能性があります。

●声のトーン

「トーン」とは、声の高さ、低さのことです。あいさつをするときはトーンを高めにします。音階のドレミでいうと「ソ」が第一声に適した声の高さだといわれています。一方、謝罪するときには、トーンを低めにします。

● 間

　「間」とは、話の途中で一呼吸おくことです。話すときに適切な間を取ると、聞き手が話を理解しやすくなります。また、印象に残したい言葉や注目を引きたい言葉の前に間を取ると効果的です。ただし、間をおきすぎると相手は不安になってしまうため、間の取り方にも注意が必要です。

● プロミネンス

　「プロミネンス」とは、文章の中で重要な部分を際立たせて話すことです。キーワードや聞き取りにくい言葉などを大きな声でゆっくりと話すことで強調します。話すスピードや間の取り方に変化を付けることで、話し方にリズムやテンポが生まれ、効果的に伝えることができます。

● 抑揚

　「抑揚」とは、話の内容に応じて音声の高低により変化を付けることです。問いかけや質問などは語尾を上げ、断定的に話すときは語尾を下げるようにします。プロミネンスと同様に、抑揚が乏しいと単調な印象を与えてしまい、話の内容をスムーズに理解してもらえない可能性があります。

● 感情

　プロミネンスや抑揚が適切に使えていても、そもそも言葉に感情が込もっていなければ、相手に正しく伝わらないこともあります。たとえば、「この度は誠に申し訳ございません」と言葉だけは丁寧でも、「この人は心から悪いと思っているのだろうか」と思われては意味がありません。相手に謝罪するときや共感するときなどは、相手の心情を十分に察した上で自分の取るべき対応を考え、言葉に感情を乗せるように心がけましょう。

Study ❸

電話を受けてみよう

電話を受けるときは、自分が会社の顔であるという自覚を持ち、誰に対しても失礼のない応対を心がけなければいけません。相手に好感を持ってもらうために、電話を受けるときのポイントを理解しておきましょう。

❶ 電話を受けるときの流れ

　電話をかけてくる相手がどこの誰であるかは、相手が名乗るまでわかりません。相手の感情や目的もさまざまです。自分が仕事でイライラしているからといって、電話の応対がぶっきらぼうになったり、不親切になったりしてはいけません。電話を受けるときは、常に冷静な応対を心がけましょう。

　電話を受けるときの流れは、次のとおりです。

1 電話が鳴ったらすぐに出る

- 電話のベルは3回鳴るまでに出る（3回以上鳴ってから出る場合は「お待たせいたしました」という言葉を添える）
- 明るい声で会社名、部署名、名前などを名乗る

2 相手を確認する

- 相手の会社名、部署名、名前を確認する
- あいさつをする
  例）「いつもお世話になっております。」
- 相手が会社名や名前を名乗らなかった場合は確認する
  例）「失礼ですが、どちら様でしょうか？」

3 用件を聞く

- 手元にメモを用意し、用件を書き留める
- 不明瞭な点は必ず確認する
- 取り次ぐ相手が不在の場合は、不在であることを伝え、こちらからかけ直した方がよいかどうかを確認する

4 用件を復唱する

- 用件のポイントを復唱し、間違いがないかどうかを確認する
- こちらからかけ直す必要がある場合は、電話番号を確認する

5 あいさつをして受話器を置く

- 丁寧にあいさつをし、静かに受話器を置く

❷ メモを取るときのポイント

　取り次ぐ相手が不在の場合には、電話があった旨の伝言を残さなければなりません。誰宛に、誰から、いつ、どのような用件で電話があったのか、正しい情報を伝えるためにも、メモを取るようにします。相手の話が聞き取れなかったときや、相手が早口でメモが取れないような場合は、素直に「もう一度お願いいたします」と申し出て、再度繰り返してもらうようにしましょう。

　また、メモの内容は必ず復唱し、間違いがないことを確認するようにします。その際、いちいち訂正されるようでは、相手も不安になってしまいます。できるだけ一度で正確に理解するためにも、相手の話に集中しながらメモを取ることが大切です。

　メモを取るときのポイントは、次のとおりです。

- 相手が一番伝えたい内容を把握する
- 話の骨組みや流れから話し手の意図をつかむ
- 6W2H、固有名詞、数字などは正確にメモする
- キーワードをメモする

❸ 正しい電話の取り次ぎ

　会社で電話を取り次ぐ場合には、電話をかけてきた相手の名前を確認してから取り次ぐようにします。誰からの電話かが明らかになっていれば、取り次ぐ相手は、電話に出るときの心がまえができるだけでなく、状況に応じて、今すぐ出るべきか、あとからかけ直すかを判断することもできます。

　取り次ぐ相手が不在にしている場合は、不在であることや戻り時間などを伝え、こちらから折り返し電話をかけた方がよいかどうかを確認します。具体的な行き先などを相手に知らせる必要はありません。「折り返し電話が欲しい」と言われたら、

念のため相手の電話番号も確認しておきます。さらに伝言を依頼された場合は、用件のポイントを復唱し、間違いがないかどうかを確認します。誰が伝言を受けたのかを相手に知らせるため、自分の名前も伝えておきましょう。重要な用件である場合は、担当者が忘れずに処理したかどうかを確認し、電話を取り次いだ者として、最後まで責任を持つようにします。

相手が急いでいるような場合は、「担当者の携帯電話を教えて欲しい」と言われることもあるでしょう。しかし、本人の了解を得ることなく、第三者に携帯電話の番号を教えるべきではありません。この場合は、相手の連絡先を聞いていったん電話を切り、自分から不在者に連絡を入れ、折り返し本人から連絡してもらうようにします。

不在者宛に伝言を残すときのポイントは次のとおりです。

- 誰からいつ（日付・時間）電話を受けたかを明らかにする
- 用件を正確かつ簡潔にまとめる
- 丁寧な字ではっきりと書く
- 不在者が戻ったときに、念のため口頭で伝える
- 自分（電話を受けた人）の名前を必ず書く
- 不在者の席の目立つ位置にメモを置いておく

＜伝言メモの例＞

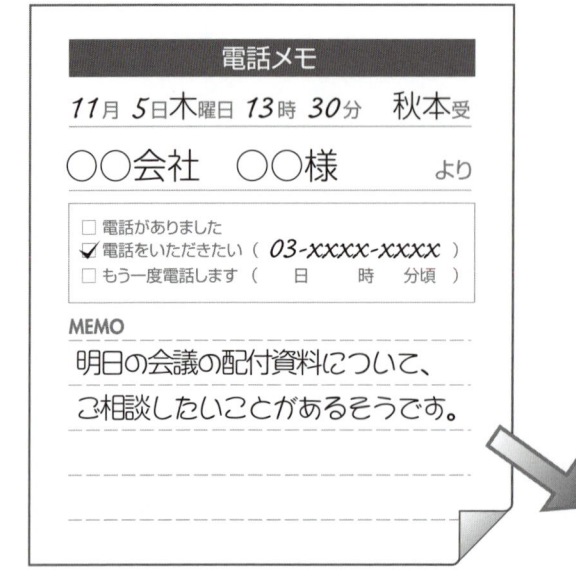

```
電話メモ
11月 5日 木曜日 13時 30分    秋本 受
○○会社　○○様　　　　より
□ 電話がありました
☑ 電話をいただきたい（ 03-xxxx-xxxx ）
□ もう一度電話します（　日　　時　　分頃 ）
MEMO
明日の会議の配付資料について、
ご相談したいことがあるそうです。
```

ここがポイント!

6W2Hを意識しながらメモを取る

特に新入社員などの場合は、相手の話に理解が追いついていかないことも少なくありません。そんなときは6W2Hを意識しながらメモを取るようにすると、電話を切ったあとで改めて用件を整理することができます。

6W2Hを電話の応対に置き換えると、次のようになります。

- Why　　　　:なぜ　　　　→　目的
- What　　　 :何を　　　　→　用件のポイント
- Who　　　　:誰が　　　　→　担当者の名前
- Whom　　　 :誰に　　　　→　相手の名前
- Where　　　:どこで　　　→　場所
- When　　　 :いつ　　　　→　日時、期限
- How　　　　:どのように　→　処理方法、手順
- How much　 :どのくらい　→　個数、人数、費用

私の体験談

最初にマスターしたい電話の使い方

電話の機能は、シンプルなものから高機能なものまでさまざまです。いくら正しい電話応対をわきまえていても、電話を正しく使いこなせないと思わぬ失敗をします。特に入社してすぐの頃は、電話を取る機会も多いでしょう。

たとえば、保留と転送の仕方がわからないと、どうなるでしょうか。相手にはこちらの会話が筒抜けになり、相手を待たせてしまうことになります。

私も新入社員の頃に苦い体験をしたので、転職したときは、職場の先輩に真っ先に電話の使い方を教えてもらいました。基本的な使い方をマスターしてしまえば、電話が鳴るたびにドキドキすることもありません。「こんな初歩的なことを聞いたら恥ずかしいかな」などと思わずに、わからないなら正直に申し出て、教えてもらうべきだと思います。この手の質問は、あとになればなるほど聞きづらくなりますよ。

Step 9　電話のマナーとコツを身に付けよう

Study ❹
電話をかけてみよう

電話は、連絡を取りたい相手が最初に出るとは限りません。会社対会社の会話であることを自覚し、失礼のない応対を心がけることが大切です。スムーズに目的の担当者に取り次いでもらうためにも、電話をかけるときのポイントを理解しておきましょう。

❶ 電話をかけるときの流れ

　電話は相手の仕事を中断させ、時間を拘束することになるため、用件をできるだけ短時間でわかりやすく伝えることが大切です。連絡を取りたい相手が不在にしている場合は、伝言を依頼することもあります。誰に何を伝えたいのかを整理してから電話をかけるようにしましょう。
　電話をかけるときの流れは、次のとおりです。

1　電話をする前に準備をする

- 話す相手の電話番号を確認し、用件をまとめておく
- 電話をかける時間帯を考える(朝一番や昼休み中、営業時間外はできるだけ避ける)

2　取り次ぎを依頼する

- 「いつもお世話になっております」と、一言あいさつを添える
- 自分の会社名と部署名、名前を名乗り、話したい相手の部署名と名前を告げて取り次ぎを依頼する
- 相手が不在の場合は、伝言を依頼するか、こちらから改めてかけ直す旨を伝える

3　相手が出る

- 再度自分の会社名と部署名、名前を名乗る
- 「いつもお世話になっております」と、一言あいさつを添える

4	用件を伝える

- 相手の都合を確認する
  例)「今、お話してもよろしいでしょうか?」
- 電話をかけた目的を話す
- 用件をわかりやすく、簡潔に伝える

5	あいさつをして受話器を置く

- 相手が電話を切ったことを確認して、静かに受話器を置く

❷ 電話に向かない内容

　すぐに連絡を取りたいからといって、すべての用件を電話で済ませようとしてはいけません。お互いの顔が見えない電話では、どうしても気持ちが伝わりにくいからです。重要な用件は、できるだけ直接会って話すようにします。また、話の内容に合わせて、電話、メール、訪問、手紙など、適切な手段を選ぶことが大切です。

　電話に向かない内容は、主に次のようなものです。

- 大切な商談
- 口頭での説明が難しい複雑な内容
- 人事などの個人情報に関わる内容
- 大きなミスやトラブルに対する謝罪
- 重要なお客様へのお礼

ここがポイント!

電話の切り方にもマナーがある

基本的に電話はかけた方から切るようにします。用事があって電話をかけ、その用事が終わったので電話を切るという考え方です。しかし、電話の相手によっては、自分が電話をかけた場合でも相手が切るのを待った方がよい場合もあります。相手の立場や地位、年齢などを考慮してその時の状況に応じて使い分けるようにしましょう。

また、先に電話を切るときは、相手の耳元で受話器を置く音が響かないように、フックを押さえてから受話器を置くように配慮するとよいでしょう。

Study ❺

電話での決まり文句を覚えよう

電話でよく使われる表現を覚えて、丁寧で気持ちのよい応対を心がけましょう。

❶ 電話での決まり文句

　接遇用語と同じように、電話応対でもよく使われる表現があります。これらを自然に使えるようになると、電話での会話がスムーズになります。
　電話での決まり文句には、次のようなものがあります。

● 電話に出るとき

例）

> 「おはようございます。○○○（会社名）でございます。」
> 「お電話ありがとうございます。○○○（会社名）でございます。」
> 「いつもお世話になっております。」

● 相手や用件を確認したいとき

例）

> 「失礼ですが、どちら様でいらっしゃいますか？」
> 「恐れ入りますが、どのようなご用件でしょうか？」

● 保留にするとき

例）

> 「課長の○○ですね。少々お待ちくださいませ。」
> 「ただいま確認して参りますので、少々お時間を頂戴してもよろしいでしょうか？」
> 「お調べしますので、○分ほどお待ちいただけますでしょうか？。」

● 相手を待たせたとき

例）

> 「大変お待たせいたしました。○○○（会社名）でございます。」
> 「お待たせして申し訳ございません。」

● 電話を取り次いでもらったとき

例）

> 「お電話代わりました。○○です。いつもお世話になっております。」
> 「お待たせいたしました。私が担当の○○でございます。」

● 担当者が不在にしているとき

例）

> 「あいにく、○○は不在にしておりますが、いかがいたしましょうか？」
> 「ただいま、○○は席をはずしております。すぐ戻ると思いますので、折り返しお電話いたしましょうか？」
> 「申し訳ございません。○○は、本日は失礼させていただきました。明日のご連絡でも構いませんでしょうか？」
> 「私、○○と申します。代わってご用件をお伺いいたしますが‥‥。」

● 電話を転送するとき

例）

> 「すぐにおつなぎいたしますので、少々お待ちください。」
> 「こちらから窓口へ転送いたしますので、このままお待ちください。」

● あいづちを打つとき

例）

> 「はい。」
> 「ええ。」
> 「さようでございますか。」
> 「そうですね。」

● 伝言を受けたとき

例）

> 「かしこまりました。」
> 「承知いたしました。」
> 「私、○○が承りました。」
> 「課長の○○に申し伝えます。」

● 相手の連絡先を確認するとき

例）

> 「念のため、ご連絡先をお伺いしてもよろしいでしょうか。」

● 断るとき

例）

> 「ご要望に添えず申し訳ありませんが、本商品の返品はできかねます。」
> 「あいにく、私どもではわかりかねます。」

● 謝罪するとき

例）

> 「こちらの不手際でご迷惑をおかけして申し訳ございません。」
> 「お手間をおかけしまして、申し訳ございませんでした。」
> 「大変失礼いたしました。訂正させていただきます。」
> 「至らない点がございましたら、お詫び申し上げます。」

● 電話を切るとき

例）

> 「今後ともよろしくお願いいたします。」
> 「お忙しいところ、お時間をいただき、ありがとうございました。」
> 「それでは、失礼いたします。」

Study ❻

シーン別の電話の応対を
マスターしよう

電話を受けるときも、かけるときも、目的に応じた適切な応対の仕方があります。どんなシーンに直面しても慌てることのないよう、注意すべきポイントを理解しておきましょう。

❶ シーン別の電話の受け方

電話を受けるときは、目的に応じて次のような点を心がけましょう。

● 昼休み中の電話

周囲の話し声や笑い声が相手に聞こえるのはもってのほかです。昼休み中に電話がかかってきた場合は、職場の仲間と、仕事以外の話で盛り上がっていることもあるでしょう。休憩時間であるかないかにかかわらず、近くに電話中の人がいる場合は小声で話すなどの配慮が必要です。また、自分の周りがうるさくて相手の声が聞こえないときには、「**お電話が少し遠いようです**」などと相手のせいにしてはいけません。この言葉は、電話をかけてきた人の周りがうるさかったり、声が小さくて聞き取りにくかったりする場合に使用します。

● 不在者への電話

外出や出張、休暇などで不在にしている人、あるいは会議、トイレ、遅刻などで席をはずしている人へ、電話の取り次ぎを依頼されることがあります。このような場合は、電話をかけてきた人の用件を最優先と考えるようにしましょう。たとえば、相手が急いでいるような場合には、できるだけ速やかに不在者と連絡が取れるように配慮します。ただし、商談中や会議中といった具体的な不在理由を正直に伝える必要はありません。外出しているか席をはずしていると伝え、相手の用件を聞いた上でその後の対応を考えます。

不在理由に応じて、次のような応対をしましょう。

不在理由	応対の例
お客様と商談中	「○○はただいま席をはずしております。」
	「○○はただいま外出しております。」
電話中	「○○は他の電話に出ております。」
遅刻	「○○はただいま外出しております。」

不在理由	応対の例
トイレ	「○○は少々席をはずしております。まもなく戻ると思いますので、戻り次第折り返しお電話させましょうか。」
会議中	「○○はただいま席をはずしております。」 「○○はただいま外出しております。」
休暇中	「○○は休暇中です。出社は来週の月曜日になります。出社次第、折り返しお電話させましょうか。」 「○○は休暇中のため、よろしければ私がご用件を承りましょうか。」

● 問い合わせ

「何についての問い合わせか」「何を求めているのか」を聞き取ります。相手の話の内容を正確に把握できていないと、適切な回答を提示することはできません。また、問い合わせに対する回答には、正確さとスピードが要求されます。お客様をたらい回しにしてしまわないためには、自分の力でどこまでなら対応できるかを自覚しておくと同時に、問い合わせ内容に応じて誰なら対応できるか、どの部署なら解決できるかを把握しておきましょう。自社の商品や業務に関する知識だけでなく、会社内の組織の役割をよく理解しておくことも大切です。

問い合わせ対応の流れは、次のとおりです。

1 問い合わせ内容を把握する

- 話に最後まで耳を傾ける
- どのようなことに対する回答を必要としているかを正確に把握する

2 要約する

- 相手がひととおり話し終えたあとに、話の要点を手短にまとめ、相手が伝えたい内容を再確認する

3 回答

- 相手にわかりやすいように簡潔に回答する
- 調べないとわからない場合は、折り返し電話をかけるようにする
- 担当外で対応できない場合は、適切な担当者や窓口に速やかに電話を転送し、対応を依頼する

❷ シーン別の電話のかけ方

電話をかけるときは、目的に応じて次のような点を心がけましょう。

●お礼

　感謝の気持ちは、できるだけ早めに伝えます。より気持ちが伝わりやすいのは、メールより電話です。さらに丁寧にしたい場合は、まずは電話でお礼を伝え、後日、手紙などで改めて気持ちを伝えるとよいでしょう。

例）

> 「本日は、お忙しい中ご足労いただきまして、誠にありがとうございました。」

●謝罪

　謝罪の電話は気が進まないものです。だからといってタイミングを逃してしまうと、ますます言いにくくなってしまいます。時間が経ってしまわないうちに、早めに謝罪の気持ちを伝えるようにすることが大切です。自分に非があるのですから、素直な気持ちで誠実な対応を心がけます。さらに丁寧にしたい場合は、まずは電話でお詫びをし、後日、直接訪問して改めて気持ちを伝えるとよいでしょう。重大なミスやトラブルに対する謝罪は、安易にメールだけで済ませてはいけません。

例）

> 「昨日は多大なご迷惑をおかけいたしまして、誠に申し訳ございませんでした。」

●訂正

　電話で事実と違うことを伝えてしまったことに気付いたら、すぐにかけ直して訂正します。その際、一度に用件が完了しなかった点をお詫びしましょう。訂正をメールで済ませてしまうと、相手の確認が遅れ、重大な失敗につながりかねません。

例）

> 「お忙しいところ、たびたび申し訳ございません。先ほどお伝えした金額が間違っておりましたので、再度お電話をいたしました。」

● **相手が忙しいとき**

他の仕事で忙しいと、話に集中できない可能性があります。特に長くなりそうな話や、複雑な話などは、相手が聞く態勢にあることが重要になります。相手から忙しいと言われた場合はもちろん、相手の話すスピードや口調などから忙しそうだと感じたら、あとでかけ直した方がよいかどうかを確認しましょう。

私の体験談

電話での謝罪に得意先が怒り心頭

私が外出先から戻ると、机の上にメモが置かれていました。重要な得意先からの電話で、昨日納品された製品に不具合があるだけでなく、仕様も数も発注どおりではないとの内容でした。電話を受けた担当者に確認したところ、かなりご立腹だったとのこと。先月にも同じようなミスがあったばかりなので当然です。

しかし、あいにく私は他の用件で忙しかったため、とりあえず電話で謝罪しておくことにしました。しかも、担当者が不在だったため、「○○様に、『申し訳ありません、すぐに手配いたします』とお伝えください」と伝言を残して電話を切ったのです。

その後、この不誠実な対応に怒り心頭の得意先から、契約解除の連絡が舞い込んできたときはショックでしたね。もちろん、後日改めて謝罪に伺うつもりだったのですが、そんなことは言い訳になりません。得意先は会社から30分圏内の場所にあったのですから、すぐにでもかけつけるべきでした。

Study ❼
電話によるトラブルを未然に防ごう

電話では、ちょっとしたことがきっかけでトラブルに発展しかねません。相手の立場に立った的確な応対の仕方を身に付けて、トラブルを未然に防ぐようにしましょう。

❶ 電話応対でのトラブル

電話では、相手の顔が見えないために意図したことが正確に伝わらなかったり、文字として記録が残せないために間違って伝わったりすることがあります。
次のような例はトラブルに発展しかねないため、注意が必要です。

●声が小さくて聞き取りにくいとき

相手の声が小さくて聞き取りにくいようなときは、電話のせいにするなどして、相手に負い目を感じさせないように配慮します。

悪い例）

> 「申し訳ございません。お声が小さいようなので、もう少し大きい声でお話しいただけますか。」

良い例）

> 「申し訳ございません。お電話が少し遠いようなので、もう一度お願いいたします。」。

●間違って転送されてきたとき

相手に迷惑をかけていることを謝罪し、速やかに適切な窓口へ転送します。

悪い例）

> 「すみません、私は担当ではないのでわからないのですが・・・。」

良い例）

> 「こちらの不手際でご迷惑をおかけして大変申し訳ございません。これから該当窓口へ転送いたしますので、少々お待ちください。」

● **上司を出すように言われたとき**

　無理に自分だけで対処しようとせず、適切な対応ができなかったことを謝罪して、速やかに上司と代わります。

悪い例)

> 「いえ、こちらの件は私が担当ですので…。」

良い例)

> 「私に至らない点がございましたらお詫び申し上げます。ただいま上司に電話を代わりますので、少々お待ちください。」

● **できないことを認めてくれないとき**

　現実的に無理であると判断した場合には、むやみに期待感を抱かせるべきではありません。ご要望に応えられないことに対して謝罪しつつ、代替案があれば紹介します。

悪い例)

> 「どうしてもとおっしゃるのであれば、再度検討してみます。」

良い例)

> 「ご要望に添えず大変申し訳ないのですが、そのようなことはいたしかねます。直接的な解決にはならないのですが、〇〇をお使いいただけないでしょうか？」

❷ 相手を怒らせない話し方

　会話の中で、自分では判断がつかなかったり、どうしても断らなければならなかったりすることがあります。否定的な言葉で会話を終わらせると、悪い印象を持たれるだけでなく、相手の気分を害する可能性もあります。事実をそのまま答えるのではなく、次のような工夫をするとよいでしょう。

●命令形ではなく依頼形を使う

悪い例)

> 「～してください。」

良い例)

> 「～していただけますでしょうか。」

●文章の終わりを肯定的にする

悪い例)

> 「A社の製品は性能はよいのですが、価格が高いのが難点です。」

良い例)

> 「A社の製品は他社に比べて価格は高めですが、性能は抜群です。」

●「あとよし言葉」を使う

悪い例)

> 「A社のパソコンはございますが、B社のパソコンは取り扱っておりません。」

良い例)

> 「B社のパソコンは取り扱っておりませんが、A社のパソコンはご用意できます。」

●No／Because型ではなくYes／But型を使う

悪い例)

> 「こちらでは、調べられないのでお答えできません。」

良い例)

> 「申し訳ございません。こちらでは、ご回答までに少々お時間がかかってしまう場合がございます。もしよろしければ、24時間対応のフリーダイヤルもございますので、そちらをご案内いたします。」

Try Again

もう一度電話の応対について考えよう

学習した内容を踏まえて、ステップの冒頭の秋本さんの電話応対をもう一度振り返ってみましょう。

電話では自分が関与していない仕事や、知らないことについて質問されることも少なくありません。秋本さんの電話応対の間違いは、電話をかけてきた相手に対する配慮が足りない点です。

秋本さんが見直すべきポイントは、次のとおりです。

秋本さん：はい、○○会社△△部××課でございます。
顧　　客：わたくし、□□会社の山本と申します。いつもお世話になっております。恐れ入りますが、鈴木様をお願いいたします。
秋本さん：少々周りがうるさくて、お電話が少し遠いようです。❶
顧　　客：□□会社の山本と申しますが、鈴木様をお願いいたします。
秋本さん：課長の鈴木ですね。少々お待ちくださいませ。❷

秋本さん：(課長の席まで行き)課長、課長、□□会社の方からお電話ですが…。❸
課　　長：(電話の相手に対して)大変申し訳ございません。少々お待ちいただけますか。
課　　長：得意先からの大事な電話の最中に、なんだね？
秋本さん：お電話中に申し訳ございません。別の方からもお電話が入っています。❹
課　　長：誰から？
秋本さん：□□会社の…たしか宮本様だったかと…。❺
課　　長：宮本様？そんな名前の方は知らないよ。こっちも電話中なんだ。あとでかけ直すから用件を聞いておいてくれたまえ。
秋本さん：わかりました。

電話で待たせた場合には、まず待たせたことに対する謝罪から始まります。秋本さんは謝罪の言葉がないだけでなく、昼休み中にかかってきた電話に対して面倒だと言わんばかりの応対をしている点が問題です。

秋本さん：もしもし、こちらからかけ直すので用件を聞いておくようにとのことです。❻
顧　　客：そうですか。少々複雑な話なので、またかけ直します。ついでで申し訳ないのですが、◇◇部にこの電話をまわしていただけないでしょうか。
秋本さん：ただいま当社は昼休み中ですので、13時以降におかけ直しいただく方が確実ではないかと思いますが。❼
顧　　客：そうですか。では、少々急ぎの用件なので直接かけてみることにします。
秋本さん：それでは、よろしくお願いいたします。失礼いたします。

---

❶電話をかけてきた相手へ配慮

自分の周りがうるさくて電話の声が聞こえにくいのを、相手のせいにしてはいけません。昼休み中でリラックスしているとはいえ、お客様から電話がかかってきた場合は、適切な応対をする必要があります。

❷電話での決まり文句

基本的なあいさつがありません。また、相手の会社名や名前を復唱し、間違いがないかどうかを確認する必要があります。

❸、❹電話中の人への配慮

電話中の人に話しかけるべきではありません。聞かれては困るような会話を、電話の相手に聞かれてしまう可能性もあります。どうしても別の電話が入っていることを知らせたい場合には、誰からの電話なのか、どういう要件なのかを伝える簡単なメモを見せ、判断をあおぐようにします。

❺電話の取り次ぎ方

復唱したり、メモを取ったりしなかったために、記憶があいまいになって、正しい情報を伝えることができていません。

❻ **相手の立場に立った心づかい**
　お待たせしたことへのお詫びの言葉がないだけでなく、全体的にぶっきらぼうな印象を与える話し方です。

❼ **悪い印象を与える応対**
　面倒だから転送したくないような印象を与えてしまい、不親切な応対といえます。

　秋本さんの問題点を改善すると、次のように、丁寧で感じのよい電話応対になります。相手を必要以上にお待たせすることもありません。

秋本さん：はい、〇〇会社△△部××課でございます。
顧　　客：わたくし、□□会社の山本と申します。いつもお世話になっております。恐れ入りますが、鈴木様をお願いいたします。
秋本さん：□□会社の山本様でいらっしゃいますね。いつも大変お世話になっております。課長の鈴木におつなぎいたしますので、少々お待ちくださいませ。

秋本さん：お待たせいたしました。申し訳ございませんが、課長の鈴木はあいにく他の電話に出ております。電話が終わり次第、こちらから折り返しお電話させましょうか？
顧　　客：いえ。少々込み入った話なので、またかけ直します。ついでで申し訳ないのですが、◇◇部にこの電話をまわしていただけないでしょうか。
秋本さん：◇◇部でございますね。ただいま転送いたしますので、少々お待ちくださいませ。
顧　　客：ありがとうございます。よろしくお願いいたします。

○○会社の山本様よりお電話がありました。少々込み入った話なので、またかけ直すそうです

電話は相手とすぐに連絡を取りたいときに使います。したがって、電話応対では正確さとスピードが要求されます。電話をかける側も受ける側も、情報を正確かつ迅速に伝達できるように心がけましょう。また、対面しているとき以上に相手に配慮し、最後まで気持ちよく話を進めることが大切です。

まとめ

このステップでは、次のような内容を学習しました。
理解できたかどうか、☑印を付けてチェックしてみましょう。

- ☑ 電話のマナーとは何かを理解した
- ☑ 電話のマナーの重要性を理解した
- ☑ 好感を持たれる電話応対のポイントを説明できる
- ☑ 電話を受けるときの流れと考慮すべき点を把握できた
- ☑ 電話をかけるときの流れと考慮すべき点を把握できた
- ☑ 電話での決まり文句を自然に使うことができる
- ☑ さまざまなシーンに応じた適切な電話応対ができる
- ☑ 電話でのトラブルを未然に防ぐ応対の仕方を理解した

Step 10

社外の人と接するときの
マナーとコツを身に付けよう

- **Try** ▶ 社外の人への応対はどうすればいいの？ …… 198
- **Study ❶** ▶ 来客があったときはこんな応対がGood! …… 200
- **Study ❷** ▶ 他社を訪問するときはこんな応対がGood! … 204
- **Study ❸** ▶ 応接室でのマナーに気を付けよう ………… 208
- **Study ❹** ▶ 初めて会う人に対するマナーを身に付けよう … 212
- **Study ❺** ▶ クレームに適切に対応しよう ……………… 216
- **Try Again** ▶ もう一度社外の人への応対について考えよう … 219

Try
社外の人への応対は どうすればいいの?

会社に入ると、電話に限らず、日常的に社外の人と接する機会が増えます。すっかり社会人らしい顔つきになってきた佐藤さんと秋本さんも、社外の人を目の前にすると思わず緊張してしまい、なかなか自然に振舞うことができません。

頭ではわかっていても、マナーを自分のものにするのは難しいですね。場数を踏んで慣れていくことも重要です。秋本さんは、部長宛に来訪された二人のお客様を応接室にご案内するように頼まれたようです。来客時の応対として、不適切な点を探してみましょう。

一方の佐藤さんの様子も見てみましょう。こちらは、課長と二人でお客様の会社を訪問しています。どうやら初めて会う相手のようですよ。他社を訪問するときの応対として、不適切な点を探してみましょう。

○○会社の佐藤と申します。
○○部の○○様をお願いします

佐藤です

Step 10 ▶▶▶ 社外の人と接するときのマナーとコツを身に付けよう

Study ❶

来客があったときは こんな応対がGood！

来客時の正しい応対を知り、落ち着いて案内ができるようになりましょう。

❶ 接客の流れ

　応対した人が接客のマナーを心得ていないと、お客様に悪い印象を与えてしまい、その会社のイメージや評価を下げることになりかねません。組織の一人一人が会社の顔であるという自覚を持ち、来客に対して失礼のない応対を心がけましょう。

　会社に来訪されるお客様への応対の流れは、次のとおりです。

1 受付で対応する

- 会釈をし、笑顔であいさつをする
  例）「いらっしゃいませ。」、「いつもお世話になっております。」
- 親切、丁寧、迅速に対応する
- 用件を確認する（相手の会社名や部署名、名前、アポイントメントの有無、来訪の目的など）

2 案内する

- 担当者に連絡し、どこにご案内すればよいかを確認する（担当者が直接案内する場合は、受付で待っていただく）
- 行き先を正確に伝える（わかりにくい場合は、お客様を誘導する）

3 お茶を出す

- 打ち合わせに参加する人数を確認してからお茶を出す
- 担当者が来るまでに時間がかかる場合は、先に伝えておく

4 見送る

- 用件が済んだお客様をエレベーターや玄関まで見送る
- 笑顔であいさつをし、おじぎをする
  例）「ありがとうございました。」、「失礼いたします。」

❷ 案内の仕方

来訪されたお客様を応接室などに案内するときは、次のような点に注意しましょう。

● 通路

お客様の2、3歩先、斜め前方を、相手のペースに合わせるようにしてゆっくり歩きます。すでに面識のあるお客様なら、天候や近況など、差し障りのない話をしながら歩くと、雰囲気がなごみます。

● エレベーター

お客様より先に乗り、「開」ボタンを押して待ち、お客様が乗り込んだことを確認してから行き先階のボタンを押し、「閉」ボタンを押します。エレベーター内では操作ボタンの近くが下座で、エレベーターの奥が上座です。お客様をエレベーターの奥へと誘導し、お客様に背中を向けないように体をやや斜めにして操作ボタンの前に立ちましょう。目的の階に着いたら「開」ボタンを押して、お客様が降りるのを待ち、続いて自分が降ります。

> **ここがポイント!**
>
> ## 共用スペースでの情報漏えいに注意
>
> 通路やエレベーター、化粧室などは共用スペースです。どこで誰が話を聞いているかわかりません。私語を慎むのはもちろんのこと、仕事の話はしないようにします。重要な情報が漏れるだけでなく、会社の情報管理に対する意識を疑われかねません。また、重要書類は封筒に入れるなどして、内容が見えないように工夫しましょう。

❸ ドアの開け方

　応接室にお客様を通すときのマナーもあります。まず、ドアが閉まっていたら、中に人がいる可能性もあるので、必ずノックをしてから開けるようにします。ビジネスシーンでは、ノックは3回するのが一般的です。中に人がいないことを確認してから、お客様を案内します。その際、お客様にできるだけ背中を向けないようにするのがポイントです。

　手前開きのドアか、押し開きのドアかによって、次のように応対しましょう。

●手前開きのドア

左に開くドアの場合は、左手でドアノブを引き、ドアの左側に立ってご案内します。
右に開くドアの場合は、左右が逆になります。

●押し開きのドア

ドアを開け、自分が先に中に入り、お客様を招き入れるようにします。

❹見送りの仕方

用件が終了したら、お客様をエレベーターか玄関まで見送ります。自社ビルであれば、玄関まで見送るのが一番丁寧ですが、オフィスが高層ビルの最上階にあったり、玄関までかなりの距離があったりする場合は、エレベーターの前まで見送り、「**申し訳ありませんが、こちらで失礼いたします**」とお詫びの気持ちを伝えます。また、お客様に「**こちらで結構ですよ**」と言われた場合には、無理に玄関まで見送る必要はありません。

どこまで見送るにしても、心を込めて「**本日はありがとうございました**」と感謝の言葉を述べておじぎをし、お客様の姿が見えなくなるまで見送ります。

ここがポイント!

来客後の後片付けも忘れないこと

清潔で、きれいに片付けられた部屋に案内されれば、誰でも気持ちがよいものです。お客様が帰られたあとは、次の来客があったときに備えて、使用した部屋やフロアを換気し、飲み物や灰皿などを速やかに片付けましょう。

ここがポイント!

面識のない来客にも気を配る

会社の受付は、社内外を問わず、多くの人が往来する場所です。面識があるかないかにかかわらず、社外の人を見かけたらあいさつをし、「どのようなご用件でしょうか」と進んで声をかけるようにしましょう。受付専用の電話が置いてある場合でも、「ご用件はお伺いしておりますでしょうか」と一言声をかけると、お客様にとても親切な印象を与えます。

Study ❷

他社を訪問するときは こんな応対がGood！

他社を訪問すると、自分の会社とは勝手が違い、戸惑ってしまうことも少なくありません。他社を訪問するときの正しい応対を知り、訪問の目的を確実に達成できるようにしましょう。

❶ 他社訪問の流れ

　他社を訪問する場合は、基本的に自分以外はすべて社外の人です。自分は来客だからと、偉そうにしていてはいけません。相手の会社にお邪魔し、担当者に会わせていただくのだという意識を持ちましょう。

　他社を訪問したときの流れは、次のとおりです。

1　到着する

- 約束の時間に遅れないようにする
- 遅れそうなときは、必ず連絡を入れる
- コートを着用している場合は玄関前で脱ぎ、身だしなみを整える

2　受付で取り次ぎを依頼する

- 明るく礼儀正しく振舞う
- あいさつをし、自分の会社名や部署名、名前、訪問先、用件、アポイントメントの有無を告げ、取り次ぎを依頼する
  例）「お世話になっております。わたくし、○○会社の○○と申します。本日○時より、○○部の○○様と打ち合わせのお約束をしております。」
- 取り次いでくれた人にお礼を言う

3　案内してもらう

- 周囲をキョロキョロ見まわしたり、勝手にウロウロしたりしない
- 応接室に案内されたら、「失礼いたします」と言って入室し、入口近くで立って待つ（席をすすめられてから、指示された席に座る）
- 相手が部屋に入って来たら、立ち上がってあいさつをする
- 初めて会う人であれば名刺交換をする

4 退室する

- 用件が終了したら、感謝の気持ちを込めてあいさつをする
- 部屋を出るときに再度退室のおじぎをする
- 忘れ物がないように気を付ける
- 退室後も訪問先を出るまでは気を緩めないようにする

❷ 訪問前の準備

　他社を訪問するときは、基本的にアポイントメント(面会の約束)を取って訪問します。約束した時間に、約束した相手と会い、限られた時間の中で目的を達成しなければなりません。そのためには、事前にしっかりと準備をしてから訪問する必要があります。相手に貴重な時間を割いていただくことを、忘れないようにしましょう。
　訪問前の準備には、次のようなものがあります。

● アポイントメント

　基本的に、アポイントメントなしに突然他社を訪問することは避けましょう。相手が忙しかったり、不在だったりすれば、結局目的を達成できずに終わってしまうことになりかねません。交通費や人件費など、無駄なコストが発生することにもなります。
　アポイントメントを取るときは、相手の都合を優先するようにします。相手の都合を聞き、そこに自分の都合を合わせるようにするのが原則です。
　具体的には、次のような点を考慮しましょう。

- 面会したい相手を決め、アポイントメントを取る(同時に複数の人と面会したい場合は、誰にアポイントメントを取るべきかを決める)
- 最初に訪問の目的(用件)を告げる
- 相手の都合を聞き、訪問する日時、面会する場所を決める
- おおよその所要時間を伝える
- 誰が訪問するかを伝える(事前に人数がわかっていると、会議室や応接室の予約がしやすいため)

アポイントメントを取っていても、相手に急用ができてキャンセルになる場合があります。逆に、自分の都合で訪問できなくなったり、訪問時間を変更したりしなければならないこともあるでしょう。直前の変更はできるだけ避けたいものですが、やむを得ない場合は、速やかに連絡を入れてお詫びをし、改めて訪問の日時を調整します。一度変更になったアポイントメントは最優先させ、先方の都合を何度も調整させることのないように注意しましょう。

例）

担 当 者：新規プロジェクトの件でお伺いしたいのですが、来週のご都合はいかがでしょうか。
お 客 様：来週の前半は忙しいのですが、後半なら大丈夫です。
担 当 者：それでは10月28日の木曜日はいかがでしょうか？
お 客 様：大丈夫です。できれば午後がいいですね。
担 当 者：それでは午後2時でいかがでしょうか？
お 客 様：わかりました。
担 当 者：それでは10月28日木曜の午後2時に、部長と二人でお伺いいたします。1階の受付にお伺いすればよろしいですか？
お 客 様：はい。では、お待ちしております。

● 下調べや資料の作成

訪問の目的に合わせて、必要な情報を入手したり、資料を作成したりします。初めて訪問する場合には、相手の会社についての情報収集も欠かせません。また、当日になって慌てたり、約束の時間に遅れたりしないように、訪問先の場所を地図などで確認し、最も効率的なルートや交通手段などを調べておくようにします。

● 訪問前の連絡

アポイントメントを取ってから、かなり日数が経過しているような場合には、相手が忘れている可能性もあります。約束の前日や当日の朝に電話を入れ、先方のスケジュールに変更がないかどうかを再確認しておくとよいでしょう。メールで確認するのもひとつの方法ですが、訪問前までに相手が読むとは限りません。電話の方がより確実です。

● 直前の心がけ

　会社を出る前に、訪問先の地図や名刺、筆記用具、資料などの忘れ物がないかどうかをチェックするようにします。また、訪問の目的に合った服装や身だしなみを心がけることも大切です。準備が整ったら、上司や周囲の人に、訪問先と帰社予定時刻を伝え、5分前に到着できるように早めに会社を出発しましょう。同行する人がいる場合は、早めに出発時間を伝えておくようにします。

❸ 訪問後の対応

　訪問先から戻ったら、上司や周囲の人に「ただいま戻りました」とあいさつをします。訪問の内容や結果については上司に口頭で報告し、必要に応じて報告書を作成して提出します。訪問先についても、商談が成立したり、無理をお願いしたりした場合には、電話やメール、手紙などでお礼の気持ちを伝えておきましょう。

ここがポイント！

直行・直帰は事前の了解を得る

アポイントメントの時間が、会社の始業時間より早い時間帯であったり、終業時間後の遅い時間であったりする場合には、会社に立ち寄らずに直接訪問先を訪れたり（直行）、訪問先から帰宅の途に着いたり（直帰）することも可能です。ただし、直行または直帰したい場合には、事前に上司の了解を得て、周囲の人にも伝えておくようにしましょう。また、直帰する前には必ず会社に連絡を入れ、自分宛の伝言や、業務の連絡事項などがないかどうかを確認するようにします。

ここがポイント！

辞去のタイミングを見極める

予定されていた所要時間を大幅に超える場合はもちろんのこと、早めに用件が終了してしまった場合にも、相手への配慮を忘れないようにすることが大切です。やむを得ず時間を超過する場合は、いったん話を止め、「もう少しお時間を頂戴してもよろしいでしょうか」と確認してから続けるようにします。早く終わってしまった場合は、雑談などで無駄に時間をつぶさずに、速やかに辞去するようにしましょう。

せっかく貴重な時間を確保してもらうのですから、極端に時間があまったり足りなくなったりしないように、時間配分を考え、有効に使うのが理想的です。

Study ❸

応接室でのマナーに気を付けよう

応接室や会議室には独特の雰囲気があり、いざ案内されると落ち着かないものです。応接室や会議室での基本的なマナーを身に付けて、どんな部屋に案内されても堂々と応対できるようにしましょう。

❶ 席順の基本

　応接室であっても会議室であっても、一般的には、入り口から一番遠い席が上座となります。応接室のソファと肘掛け椅子がある場合は、ソファがお客様用です。背もたれや肘掛けのない椅子がある場合は、その椅子が一番末席となります。

　応接室や会議室にお客様を通すときは、上座に座っていただくように促します。逆に、自分が他社を訪問したときには、当たり前のように真っ先に上座に座るのではなく、少し控えめに入り口に近いところなどに座っているようにしましょう。上座をすすめられるのを待ってから、「**では、失礼いたします**」と言って座るようにします。

　次の図は、一般的な応接セットの例です。ソファが上座に、肘掛け椅子が下座に配置されています。訪問先を複数人で訪れた場合などには、立場や地位が上の人から、①、②、③の順に腰掛けます。

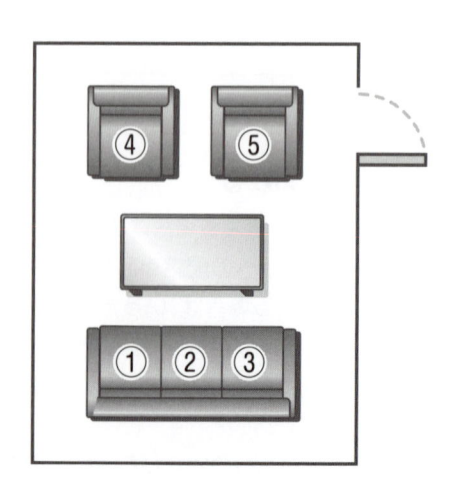

❷ シーン別の座り方

さまざまな状況に応じて、お客様や自分がどこに座るべきかを判断できるようになりましょう。

●お客様を応接室に通すとき

お客様：部長と課長
応対者：自分のみ

[自社：課長、自分／お客様：部長、課長]

お客様：部長と課長
応対者：課長と自分

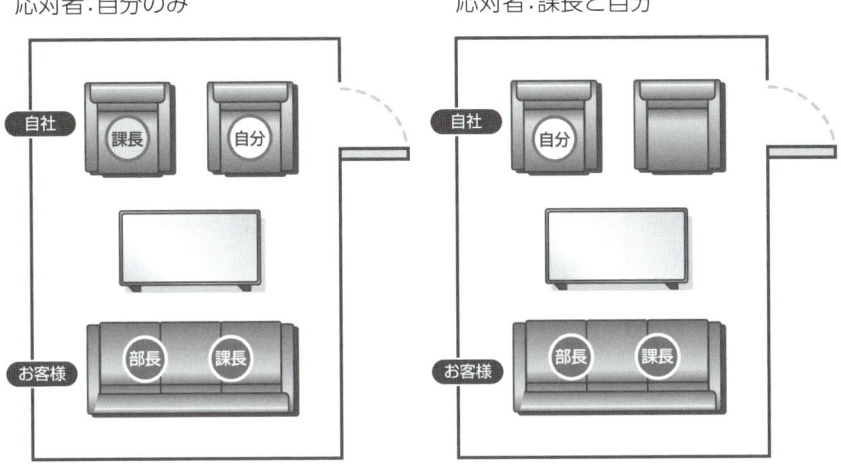

[自社：自分、（課長は奥）／お客様：部長、課長]

●他社を訪問したとき

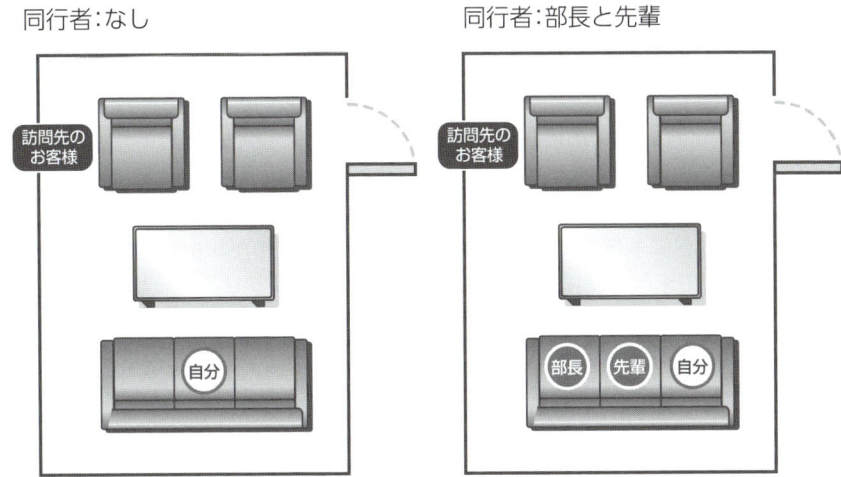

同行者：なし

[訪問先のお客様／自分]

同行者：部長と先輩

[訪問先のお客様／部長、先輩、自分]

Step 10　社外の人と接するときのマナーとコツを身に付けよう

> **ここがポイント！**
>
> ### 応接室とは異なる会議室の席順
>
> 会議室では、応接室と席順が異なります。一般的な対面型の会議室では、話を進めたり、相手の話を聞いたりしやすい席を上座と考えるとよいでしょう。
> 円卓の会議室では一番奥の席に議長が座り、議長を囲むようにして座ります。議長に近いところから順に上座となります。
> コの字型の会議室では、議長が一番奥の中央の席に座り、議長を囲むようにして座ります。議長の隣の席は、左側より右側の席が上座となります。

❸ お茶の出し方

　お茶は、上座に座っている人から出すのが基本です。立場や地位が上の人がどちらであるかを、見た目で勝手に判断してはいけません。また、お客様を待たせるときは、お客様の人数分だけ先に出します。担当者が入室したら、改めてお客様と担当者のお茶を用意します。このとき、お客様が手を付けていなくても、必ず新しいものと差し替えましょう。担当者がすぐに来ることがわかっていれば、全員揃ってから出してもかまいません。

　一般的なお茶の出し方は、次のとおりです。

1　入室する
- ドアを軽くノックする
- 小声で「失礼いたします」とあいさつをする

2　お茶を出す
- サイドテーブルにお盆を置く（サイドテーブルがないときは、応接テーブルの末席の端に、小声で断ってからお盆を置かせてもらう）
- 湯のみと茶たくをセットする
- 茶たくを両手で持ち、「どうぞ」と言って出す

3　退室する
- 軽く会釈をし、小声で「失礼いたします」とあいさつをする
- 静かにドアを閉める

お茶を出すときには、次のような点に気を付けましょう。

- 書類やその他の物の妨げにならないところに置く
- どの人のお茶であるかがわかるように置く
- 勝手にお客様の書類や持ち物に手を触れない
- 少し遠い場所に置くときには、誰のお茶であるかがわかるように、「こちらに置いておきます」と小声で知らせるようにする

❹ お茶のいただき方

お茶は、すすめられてからいただきます。ただし、相手が来るまでに時間がかかるという連絡を受けた場合は、先にいただいてもかまいません。いただくときは、音を立てたり、こぼしたりしないように注意します。退室するときは、湯のみを応接テーブルの隅に寄せて立つとよいでしょう。

ここがポイント！

心を込めておいしいお茶を入れる

おいしいお茶を入れるには、お茶の特性に合ったお湯の温度で入れることがポイントです。たとえば、玉露は一度沸騰させたお湯を冷まし、ややぬるめの温度でじっくりと時間をかけて味を出します。また、濃さが均一になるように、ひとつひとつの湯のみに少しずつ注ぎ分けます。湯のみにあふれんばかりに注いではいけません。7分目を目安にするとよいでしょう。暑い日には冷たいお茶を、寒い日にはあたたかいお茶を出すなど、来訪されたお客様へのちょっとした心づかいも大切です。

私の体験談

お客様の資料が一瞬にして台無しに

もともと横着な私は、お盆の上に4人分のお茶をのせ、そのままお客様に出していました。お客様の資料を避けてお茶を置こうとした瞬間、お盆が傾いてしまい、お茶が机の上に滑り落ちてしまいました。大切な資料はびしょぬれ。お客様には丁重にお詫びしましたが、上司と後日改めて謝罪に伺いました。お盆をサイドテーブルに置き、ひとつひとつお茶を出していれば、こんなことにはならなかったはず。マナーを甘く見ると、大きな失敗につながることを痛感した出来事でした。

Step 10 ▼▼▼ 社外の人と接するときのマナーとコツを身に付けよう

Study ❹
初めて会う人に対するマナーを身に付けよう

面識がない人との会話にはきっかけが必要です。初めて会う人に対するマナーを身に付け、その後の会話をスムーズに進められるようにしましょう。

❶ 名刺交換のマナー

　自分を知ってもらうための第一ステップとなるのが「名刺交換」です。初めて会った人とのやり取りは、まず名刺交換から始まります。名刺交換がスムーズに行われないと、あまり印象がよくありません。自信を持ってスマートに行うためにも、名刺交換のマナーを身に付けておくことが大切です。
　具体的には、次のような点を心がけます。

- 名刺を切らさないようにする
- 名刺入れには常に多めにストックしておく
- 人と会うときは、すぐに取り出せるような場所に準備しておく
- 他社を訪問するときなどは、名刺を忘れないようにする
- 名刺はビジネスマンの顔であると考え、自分の名刺も相手の名刺も大切に扱う

❷ 名刺交換の流れ

　名刺交換は、次のような手順で行います。

1 名刺交換の準備をする

- 相手の目の前に立つ
- 名刺入れから名刺を出して準備する

2 名刺を差し出す

- 相手が読める向きにした名刺を右手で持ち、左手を添える
- 相手の顔を見て、会社名、部署名、名前を名乗りながら、自分の胸の前から相手の胸のあたりに差し出す
- 名刺を切らしていたり忘れたりしたときはお詫びを述べる（万一忘れた場合には、名刺を切らしていることにする）
  例）「申し訳ありません、ただいま名刺を切らしております。」

3 名刺を受け取る

- 名刺を両手で受け取り、「ちょうだいします」と言葉を添える(ただし、同時に交換する場合は、名刺入れを受け皿として相手の名刺を乗せて受け取り、すぐにもう一方の手を添える)
- 名前の読み方がわからないときや、一度で聞き取れなかったときは復唱する
  例)「失礼ですが、○○様とお読みすればよろしいのでしょうか？」

4 名刺をしまう

- 名刺交換のあと、すぐに会議に入る場合は、相手の顔と名前を覚え、相手に敬意を払う意味でも、名刺はテーブルの上に置いておく(座っている順に対応させて名刺を並べる)
- タイミングを見計らって名刺入れにしまい、置き忘れないようにする(ポケットや手帳の間などにしまわない)
- 相手と別れてから、面会した日や用件、相手の特徴などを名刺の余白や裏にメモしておく(相手の前では書かない)

タイミングを見計らって名刺入れにしまう

● **名刺交換の順番**

　上司やお客様など、年齢や立場の異なる人が複数同席しているような場面では、どのような順番で名刺を交換すべきか迷ってしまいがちです。名刺交換の順番と名刺を差し出す順番を覚えておきましょう。

場面	順番
相手が複数いるとき	立場や地位、年齢が上の人から先に名刺交換を行う。
上司が同席しているとき	上司から先に名刺交換を行い、あとに続くようにする（自分の方が相手の近くにいた場合でも上司に譲る）。
名刺を差し出すとき	立場や地位、年齢が下の人から先に出す（他社を訪問したときは、立場や地位に関係なく訪問した側が先に出す）。

ここがポイント！

タイミングを逃したときの渡し方

会議が始まってから遅れて入室してきた人がいた場合は、会議を中断してまで名刺交換をする必要はありません。話が一段落したところで、「ごあいさつが遅くなりまして申し訳ございません」と、お詫びの言葉を添えて名刺交換をしましょう。

❸ 名刺の管理

　名刺に書かれている情報は個人情報です。受け取った名刺は責任を持って管理します。不要になったからといって、安易にゴミ箱などに捨ててはいけません。また、相手と連絡を取る際に必要となるため、すぐに探し出せるように整理して保管しておくことが大切です。50音順、会社別、業種別、進行中の仕事別など、自分の仕事が進めやすいように分類して管理するとよいでしょう。データ化しておくのも便利ですが、外部に個人情報が漏れることのないように、保存する場所や管理方法にも十分に注意します。

❹ 人を紹介するときのマナー

　ビジネスでは、お客様に上司を紹介したり、新しい担当者を紹介したり、自分以外の人を相手に紹介する機会がたくさんあります。相手にとって面識のない人を紹介するときは、紹介したい人の会社名や役職名、名前などを簡潔に伝えるようにします。
　紹介者としての心がまえは、次のとおりです。

- 紹介したい人がいることを事前に告げて同席の許可を得る
- 紹介する理由を明らかにする
- 紹介したい人の人となりや仕事ぶりなどを軽く紹介する
- 紹介したい人のプライベートにまでは触れない
- 初めて会った人同士を残して席を立たないようにする

また、名刺交換と同様に、人を紹介する場合にも守るべき順序があります。
具体的には、次のような点を考慮しましょう。

● **立場や地位に差がある場合**

　お客様に上司や自社の社長を引き合わせたり、お客様同士を引き合わせたりする場合は、先に立場や地位が下の人を上の人に紹介します。

例）

> お客様に対して：「こちらが当社の社長の〇〇でございます。」
> 自社の社長に対して：「こちらがお世話になっております〇〇会社の〇〇様でいらっしゃいます。」

● **年齢に差がある場合**

　同僚に新入社員を紹介したり、知人に同僚を紹介したりする場合は、先に年齢の若い人を年上の人に紹介します。ただし、紹介を受ける人がお客様である場合は、年齢より立場や地位の差を優先します。

例）

> 同僚に対して：「うちの部署に入った期待の新人、〇〇くんだよ。よろしく頼むね。」

● **立場や年齢に差がない場合**

　紹介したい人と紹介を受ける人の立場や年齢にほとんど差がない場合は、自分との関係がより密接である人を先に紹介します。

例）

> 新規の取引先Aに対して：「こちらが、取引先Bの〇〇様でいらっしゃいます。〇〇様とは、かれこれ10年ほどのお付き合いになります。」
> 従来からの取引先Bに対して：「こちらが取引先Aの〇〇様でございます。」

● **紹介したい人が2人以上いる場合**

　お客様に部長を紹介し、続いて課長を紹介するといったように、立場や地位が上の人、または年上の人を先に紹介します。

例）

> お客様に対して：「ご紹介いたします。こちらが私どもの部長の〇〇でございます。こちらが課長の〇〇でございます。」

Study ❺

クレームに適切に対応しよう

社外の人とのトラブルのひとつに、**顧客からのクレームがあります**。クレームが発生したとき、問題を大きくしないためにはどうしたらよいのかを考えてみましょう。

❶ 口コミの威力を認識する

「**クレーム**」とは、苦情のことです。会社の対応に何らかの不満を感じた顧客が、我慢できなくなったときに、直接お店や専用の窓口で、あるいは電話やメール、手紙などを通じて、その気持ちを伝えようとします。

最近では、インターネットを使って、個人が簡単に発言できるようになっており、特定の会社や製品に対する不満を書くと、不特定多数の人による口コミで、あっという間に広がってしまいます。しかも口コミは、良いうわさよりも悪いうわさの方が、はるかに伝わりやすいのが特徴です。こうして製品やサービスを利用したことのない人までが「○○**会社の製品はよくない**」とか「○○**会社は対応が悪い**」などと信じ込んでしまい、一気に顧客が遠ざかっていくことになります。

たったひとつの不満を大きくしないためには、こうした口コミの威力を認識し、クレームの引き金となる問題を速やかに改善しなければなりません。また、指摘されてから対応するのではなく、隠れた問題をいち早く見つけ出し、クレームを未然に食いとめる努力も必要です。

クレームの原因には、次のようなものがあります。

- 製品やサービスに関する情報が不足している
- 納期が間に合わない
- 製品やサービスの品質にバラツキがある
- 製品やサービスの品質が低下した
- 納品された製品が破損していた
- 注文したものと異なるものが届いた
- 接客態度が悪い
- 問い合わせに対して十分な回答が得られない

❷ クレームは期待の裏返し

　お客様は、改善や期待をしているからこそクレームを言われます。どうでもいいと思えば、「もう二度と買わないぞ」と決め込み、ただ黙っていれば済むことなのです。したがって、クレームを「やっかいだ」とか「面倒だ」などと考えるのではなく、逆に「気付き」のチャンスを与えてもらったことに感謝する心を持ちたいものです。クレームは自社を成長させる原動力だと思えば、問題と真摯に向き合い、熱意と誠意を持って対応することができるでしょう。

　実際、クレームによって自社の問題点が明らかになり、その改善に向けた努力をすることで、よりよい製品やサービスを生み出すことに成功した事例も少なくありません。

❸ 誠実なクレーム対応

　誠実なクレーム対応は、お客様の満足度を高め、これまで以上に強力な信頼関係を築くためのきっかけになります。クレームへの対応ひとつで、さらにお客様を怒らせてしまうこともあれば、一度失いかけた信頼を取り戻すことも可能です。クレームを言われる時点ですでに不満を感じているのですから、クレームへの対応が悪ければ、ますます不満を募らせるだけです。

　どんな小さなクレームであっても速やかに上司への報告を行い、自分だけで解決できない場合は相談するようにしましょう。言いづらいからといって後回しにしてはいけません。関係者間で情報を共有し、同じようなクレームの再発を防ぐことも重要です。

　クレームに対応するときは、次のような点を心がけましょう。

- クレームは人格や人間性の否定ではないと考える
- まずは謝罪の言葉を述べ、決して反論はしない
- 感情的にならずに、最後まで相手の話に耳を傾ける
- 解決に向けた処理は迅速に行う
- お客様の都合を最優先する
- わからないことはあいまいにせず、多少時間がかかっても正確さを追求する
- 感謝の気持ちを忘れず、熱意と誠意を持って対応する
- 相手を説得するのではなく、納得してもらえるように接する

❹ クレーム対応の流れ

クレーム対応の流れは、次のとおりです。

1 相手の話に耳を傾ける

- まずは相手の気持ちを素直に受けとめる
- 状況を把握した上で、こちら側に過失が認められる場合は、直ちに謝罪する
  - 例)「ご迷惑をおかけしております。」、「不愉快な思いをさせてしまい、申し訳ございません。」、「誠に申し訳ございません。」

2 状況を把握する

- 何に対する苦情なのか、事実と主張を正確に把握する
- 謙虚な気持ちでお客様の言い分をすべて聞く
  - 例)「先週到着する予定の商品がまだお手元に届いていないということですね。」

3 情報を伝達する

- 解決策または代替案を提示し、必要であれば理由を述べる
- お客様の期待に応えたいという積極的な姿勢を伝える
  - 例)「直ちに○○させていただきます。」

4 クロージング

- 今後の対応や対策について説明する
- 最後に必ず感謝の気持ちを伝える
  - 例)「今後このようなことがないよう、努力いたします。」、「貴重なご意見をありがとうございました。」

ここがポイント!

ホスピタリティを大切にする

「ホスピタリティ」とは、相手をあたたかくもてなす心づかいのことで、人と接する場合は、相手の立場に立ち、ホスピタリティを重視した応対を心がけます。クレーム対応においても、ホスピタリティが欠かせません。お客様は、「きちんと対応してもらって当たり前」と考えています。その場の状況に応じた細やかな気配りを心がけ、お客様の要望に応え、期待を超える結果を生み出せるように努力しましょう。

Try Again

もう一度社外の人への応対について考えよう

学習した内容を踏まえて、ステップの冒頭の二人の応対をもう一度振り返ってみましょう。

相手は何も言わなくても、応対者のマナーをチェックしているものです。マナーを知らないと、会社の教育や品位そのものが疑われてしまいます。秋本さんは、来客時のマナーを意識していないようです。丁寧な応対を実践するなら、絶対に横着をしてはいけません。細やかな気配りも必要です。

イラストの中の具体的な問題点は、次のとおりです。

こちらへどうぞ

❶ ❷ ❸ ❹ ❺

❶ 応接室への通し方

　手前開きのドアの場合は、お客様より先に入室してはいけません。応接室のドアが右開きなので、右手でノブを引き、ドアの右側に立って、先にお客様を中に案内するべきです。

❷ お茶を出すタイミング

　まず、お客様を先に案内します。お客様が着席するのを見届け、あとからお茶を持ってくるようにしましょう。面倒だからといって、一度で済ませようとしてはいけません。

❸ 応接室での席順

　応接室では、入り口から一番遠い席が上座となります。入り口側の席は、自社の担当者が座る席です。

❹ お茶の出し方

　お盆に乗せたもう一方のお茶が傾き、こぼしてしまう可能性があります。お盆はサイドテーブルなどにいったん置き、湯のみと茶たくをセットしてから、ひとつずつ出すようにします。また、お客様の資料の邪魔にならないところに置きましょう。

❺ お茶を出す順序

　お茶は、上座に座っている人から順に出すようにします。

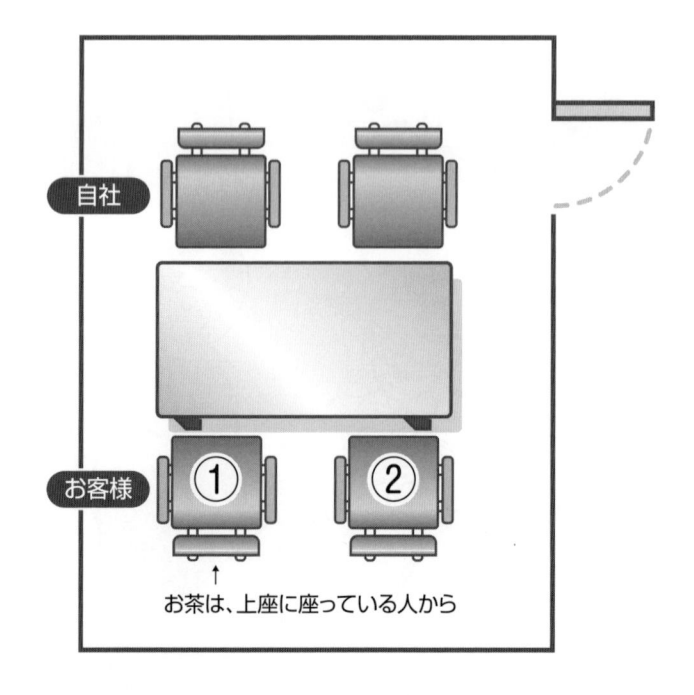

自社

お客様

① ②

↑
お茶は、上座に座っている人から

佐藤さんは、初めて会う人に対するマナーが身に付いていないようですね。どんな手順であいさつをするべきか、もう少し学習する必要があります。

イラストの中の具体的な問題点は、次のとおりです。

❶

❷ ○○会社の佐藤と申します。
○○部の○○様をお願いします

❸ 佐藤です

Step 10 社外の人と接するときのマナーとコツを身に付けよう

❶ 受付でのマナー

コートなどは玄関前で脱いでおきます。また、夏場で上着を脱いでいる場合は玄関前で着用します。だらしない印象を与えないように、身だしなみをチェックしておくことも大切です。

❷ 基本的なあいさつ

受付の人に対しても、必ず「お世話になっております」とあいさつをしましょう。また、用件やアポイントメントの有無を伝えるようにします。

❸ 名刺交換の順番

上司が同席している場合は、上司が先に名刺交換を行い、あとに続くようにします。また、相手が複数いる場合は、立場や地位、年齢が上の人から順に名刺交換を行います。

社外の人に対するマナーの基本は、相手に対する敬意を示すことです。社内ならすぐに指摘できても、社外の人の前では、上司もなかなか注意できません。特に慣れないうちは、自分の応対が会社のイメージや評価を損ねることにならないよう、細心の注意を払いましょう。そして、何より実践ありきです。場数を踏んで、適切な応対が自然にできるようになりたいものですね。

まとめ

このステップでは、次のような内容を学習しました。
理解できたかどうか、☑印を付けてチェックしてみましょう。

- ☑ 接客の流れを把握できた
- ☑ 応接室や会議室へお客様を案内できる
- ☑ ドアの開け方にもマナーがあることを理解した
- ☑ 他社を訪問するときの流れを把握できた
- ☑ アポイントメントの取り方を理解した
- ☑ 応接室や会議室における上座、下座を判断できる
- ☑ お茶を正しく出したり、いただいたりすることができる
- ☑ 初めて会う人と正しく名刺交換することができる
- ☑ 誠実なクレーム対応の重要性を理解した
- ☑ クレームに対応するときの心がまえを理解した

Index
索引

Index

索引

英数字
1対1のコミュニケーション……… 42
5W2H ……………………………… 49
6W2H ……………………………… 179
KJ法 ……………………………… 94
ToDoリスト ……………………… 32
TPO ……………………………… 54

あ行
あいさつ…………………………… 163
アクティブリスニング …………… 47
アポイントメント ………………… 205
歩き方……………………………… 139
案内の仕方………………………… 201

い行
意見………………………………… 86
意見をまとめる …………………… 93
意思疎通…………………………… 47
位置関係…………………………… 117
イラスト…………………………… 113
色づかい…………………………… 113

う行
ウォームビズ……………………… 136
売上………………………………… 34

え行
円グラフ…………………………… 118

お行
応接室でのマナー………………… 208
おじぎ……………………………… 141
お茶のいただき方………………… 211
お茶の出し方……………………… 210
折れ線グラフ……………………… 118

か行
会社員……………………………… 5
階層………………………………… 116
カジュアルデー…………………… 137
箇条書き…………………………… 113,114
滑舌………………………………… 162

き行
聞き手の分析……………………… 106
聞き手のマナー…………………… 112
聞く力……………………………… 78
キャリアアップ…………………… 27
キャリアプラン…………………… 27
休暇の取り方……………………… 143
協調性……………………………… 47

く行
クールビズ………………………… 136
口癖………………………………… 155
口コミ……………………………… 216
クッション言葉…………………… 160
グラフ……………………………… 113,118
クレーム…………………………… 216
クレーム対応の流れ……………… 218

け行
敬語………………………………… 156
経済的自立………………………… 6
軽装………………………………… 135
携帯電話のマナー………………… 173
結論………………………………… 108
謙譲語……………………………… 156

こ行

顧客第一	28
顧客満足度	29
コスト	34
言葉づかい	153
コミュニケーション	41
コンセプチュアルスキル	19

し行

自己管理	6
自己啓発	16
自己主張	8,64
自己責任	7
自己表現力	47
指示系統	10
質疑応答	112
社会人	5
就業中のルール	142
自由討議方式	86
主体性	15,88
循環	116
順序	116
情報の収集	107
職業人	5
序論	108
資料の作成	109

す行

図解	113,115
スピーチ原稿	110
座り方	140,209

せ行

席順	208
責任感	14
接客の流れ	200
接遇用語	157
説得力	89
先入観	64

そ行

相関関係	116
相談	50,53,57
双方向コミュニケーション	64
組織内のコミュニケーション	42
尊敬語	156

た行

第一印象	64,172
退社時のマナー	145
多肢選択方式	86
他者傾聴	8,64
他社訪問時の応対	204
立ち居振舞い	138
立ち方	138

ち行

チームワーク	43
遅延証明書	143

て行

丁寧語	156
テクニカルスキル	19
電話応対	174,185
電話での決まり文句	182
電話の受け方	176
電話のかけ方	180
電話の取り次ぎ	177
電話のマナー	172

と行

ドアの開け方	202
当事者意識	14

に行

苦手意識	65
二者択一方式	86
二重敬語	158

の行

納期……………………………… 32
ノンバーバル表現…………… 42,120

は行

バーバル表現………………… 42,120
バズセッション………………… 95
働く目的………………………… 26
話し方………………………… 72,161
話の聞き方……………………… 66
話す力…………………………… 79

ひ行

ビジネス会話…………………… 152
ビジネスマナー………………… 131
ビジュアルツール……………… 121
ヒューマンスキル……………… 19
表…………………………… 113,115
品質……………………………… 33

ふ行

プラス思考……………………… 76
ブレーンストーミング………… 95
プレゼンテーション…………… 102
プレゼンテーションの種類…… 104
プレゼンテーションの流れ…… 105
プレゼンテーションの目的…… 103
プロ意識………………………… 25

へ行

偏見……………………………… 64

ほ行

棒グラフ………………………… 118
報告…………………………… 50,51,55
ホウレンソウ…………………… 50
本論……………………………… 108

ま行

マイナス思考…………………… 76

み行

見送りの仕方…………………… 203

め行

名刺交換のマナー……………… 212
名刺の管理……………………… 214
メモの取り方………………… 49,177

も行

目標……………………………… 17
問題意識………………………… 14

ら行

来客時の応対…………………… 200

り行

利益……………………………… 34
リハーサル……………………… 110

れ行

レーダーチャート……………… 118
連絡………………………… 50,53,56

ビジネスコミュニケーションスキルを磨く10のステップ〈改訂版〉

(FPT1416)

2014年10月1日　初版発行
2024年3月6日　第2版第5刷発行

著作／制作：富士通エフ・オー・エム株式会社

発行者：山下　秀二

発行所：FOM出版（富士通エフ・オー・エム株式会社）
〒212-0014　神奈川県川崎市幸区大宮町1番地5　JR川崎タワー
株式会社富士通ラーニングメディア内
https://www.fom.fujitsu.com/goods/

印刷／製本：株式会社広済堂ネクスト

表紙デザイン：株式会社レクスプレス

- 本書は、構成・文章・画像などのすべてにおいて、著作権法上の保護を受けています。
  本書の一部あるいは全部について、いかなる方法においても複写・複製など、著作権法上で規定された権利を侵害する行為を行うことは禁じられています。
- 本製品に起因してご使用者に直接または間接的損害が生じても、富士通エフ・オー・エム株式会社はいかなる責任も負わないものとし、一切の賠償などは行わないものとします。
- 本書に記載された内容などは、予告なく変更される場合があります。
- 落丁・乱丁はお取り替えいたします。

©2021 Fujitsu Learning Media Limited
Printed in Japan

FOM出版のシリーズラインアップ

定番の よくわかる シリーズ

■Microsoft Office

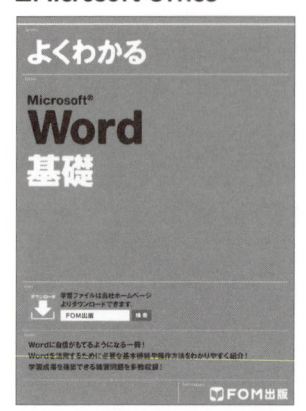

「よくわかる」シリーズは、長年の研修事業で培ったスキルをベースに、ポイントを押さえたテキスト構成になっています。すぐに役立つ内容を、丁寧に、わかりやすく解説しているシリーズです。

Point
1. 学習内容はストーリー性があり実務ですぐに使える！
2. 操作に対応した画面を大きく掲載し視覚的にもわかりやすく工夫されている！
3. 丁寧な解説と注釈で機能習得をしっかりとサポート！
4. 豊富な練習問題で操作方法を確実にマスターできる！自己学習にも最適！

■セキュリティ・ヒューマンスキル

資格試験の よくわかるマスター シリーズ

■MOS試験対策 ※模擬試験プログラム付き！

「よくわかるマスター」シリーズは、IT資格試験の合格を目的とした試験対策用教材です。出題ガイドライン・カリキュラムに準拠している「受験者必携本」です。

模擬試験プログラム

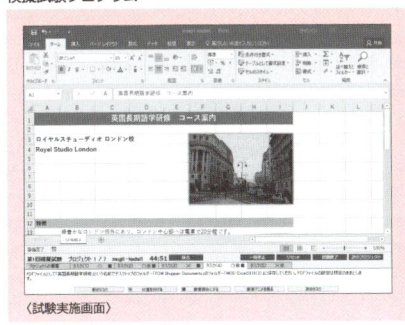

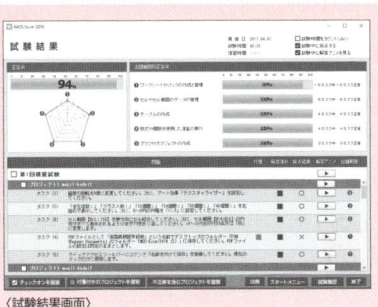

〈試験実施画面〉　〈試験結果画面〉

■情報処理技術者試験対策

ITパスポート試験

基本情報技術者試験

📱 スマホアプリ
ITパスポート試験 過去問題集

スマホアプリの詳細は

FOM　スマホアプリ 🔍

FOM出版テキスト 最新情報のご案内

FOM出版では、お客様の利用シーンに合わせて、最適なテキストをご提供するために、様々なシリーズをご用意しています。

FOM出版　Q 検索

https://www.fom.fujitsu.com/goods/

FAQのご案内
[テキストに関するよくあるご質問]

FOM出版テキストのお客様Q＆A窓口に皆様から多く寄せられたご質問に回答を付けて掲載しています。

FOM出版　FAQ　Q 検索

https://www.fom.fujitsu.com/goods/faq/